大学生积极心理团体辅导探究

王熹　著

天津出版传媒集团
天津科学技术出版社

图书在版编目（CIP）数据

大学生积极心理团体辅导探究 / 王熹著. -- 天津 ：天津科学技术出版社，2023.8

ISBN 978-7-5742-1518-4

Ⅰ. ①大… Ⅱ. ①王… Ⅲ. ①大学生－心理健康－健康教育－研究 Ⅳ. ①G444

中国国家版本馆CIP数据核字(2023)第156929号

大学生积极心理团体辅导探究
DAXUESHENG JIJI XINLI TUANTI FUDAO TANJIU

责任编辑：房　芳
责任印制：王品乾

出　版：天津出版传媒集团 / 天津科学技术出版社

地　址：天津市西康路35号
邮　编：300051
电　话：（022）23332397（编辑部）
网　址：www.tjkjcbs.com.cn
发　行：新华书店经销
印　刷：北京四海锦诚印刷技术有限公司

开本 787×1092　1/16　印张 9.75　字数 220 000
2024年3月第1版第1次印刷
定价：70.00 元

PREFACE 前言

当今社会，大学生是最具生机与活力的一个群体，大学生良好的身体素质、健康的心理状态，以及优秀的专业能力，能够对社会发展起到积极的推动作用。

健康是我们快乐幸福和事业成功的前提，其不单单是指身体健康，也包括心理上的健康。对于现代社会的人来说，心理健康的意义越来越大。这不仅是因为随着科学技术、经济水平、医疗条件的改善和发展，越来越多身体上的疾病被治愈被遏制，而且还因为现代社会对人的心理素质的要求更高，每一个想获得成功的人，都必须关注并维持自身的心理健康。

作为未来希望的大学生群体，其心理健康一直受到来自各方面的关注和重视。在中国，大学生心理健康教育问题也一直受到党和国家的高度重视。中共中央、国务院发出的《关于进一步加强和改进大学生思想政治教育的意见》中明确要求，要重视心理健康教育，根据大学生的身心发展特点和教育规律，注重培养大学生良好的个性心理品质和自尊、自爱、自律、自强的优良品质，增强大学生克服困难、经受考验、承受挫折的能力。我们进行大学生心理健康教育的总目标是希望大学生可以全面提高自身心理素质，培养积极的心理品质：爱惜自己、珍爱生命，学会适应周围及社会环境，学会科学的学习方法，培养积极的人际关系，养成积极的情绪，树立正确的恋爱观和性心理，最终提升自身的生活质量和幸福感。

本书分为大学生心理健康教育的理论和团体辅导实践两个部分，首先对大学生团体心理辅导的概念、方案的设计、实施与评估等进行简要概述，然后对团体心理辅导技术在高校教育中应用的相关设计方案进行梳理和分析，包括对适应新环境、自我探索、情绪控制、人际交往、挫折的面对、职业生涯规划等多个方面的探讨。本书论述严谨，结构合理，条理清晰，内容丰富，能为当前大学生积极心理团体辅导相关理论的深入研究提供借鉴。

撰写本书过程中，参考和借鉴了一些知名学者和专家的观点及论著，在此向他们表示深深的感谢。由于水平和时间所限，书中难免会出现不足之处，希望各位读者和专家能够提出宝贵意见，以待进一步修改，使之更加完善。

著者

CONTENTS

目 录

第一部分 理论知识篇

第二部分 活动实务篇

第一部分

理论知识篇

第一章　团体心理辅导概述

第一节　团体的概念及类型

一、团体的含义

学者对团体的描述有所不同，代表性的有以下几种：①不管团体的大小、结构以及活动如何，所有团体都需要建立在其成员彼此互动的基础上。②所谓团体，是指一群人彼此互相沟通一段时间，以使每个人不需要通过他人，能与其他人面对面的沟通。③团体是指一群人的集合，团体的存在对于他们有报偿的价值。④团体是指两个或两个以上的人彼此互动并互相影响。⑤具有目标、内容、架构、过程及评估等要素的一群人所形成的集合体。⑥两个或更多的人的面对面互动，每个人都意识到自己是团体的成员，每个人都意识到属于团体的其他人，每个人也意识到，在他们努力获得共同目标的过程中他们之间积极地相互依赖。

在心理辅导领域，团体是指在一定的目标引导下，通过成员之间的互动，满足成员一定的心理需求的组织。具体可以从四个方面来理解。

（一）团体是一种有序的组织

团体并不是一群人的简单组合，而是具有一定组织结构的。在大部分团体中，成员之间的关系是稳定且有序的。团体的组织性取决于团体角色、团体规范和成员间关系这三个基本要素。每个成员在团体中都扮演着一定的角色，如领导者、追随者、沉默者、攻击者等。团体规范则是成员都必须遵守的行为准则，它保证了团体目标和团体利益的实现。团体成员之间的关系是一种人际关系，实质上是其心理关系的反映，它对团体功能与效率产生直接或间接的巨大影响，例如，成员间的关系是紧密型的还是松散型的，是专制型的还是民主型的。

（二）团体必须有一个共同的目标

团体通常是为了一定的目的而存在的。成员聚集在一起来完成他们独自一人时没有办法完成的某种工作。在团体实现目标的过程中，成员共同解决问题、分享观念、切磋技艺、创造生产、寻找乐趣以及满足个人的归属感、安全感、自尊感和爱的需要。

（三）团体成员之间具有互动性

团体成员借助语言、非语言方式相互交流和分享彼此的感受。互动是团体达成目标的重要条件，它促成了个人对自己和他人的觉察，并从中学习、支持、反馈而实现自我成长。

（四）团体具有整体感

团体中的每个成员应认为自己是团体的一个分子，要与团体休戚相关、荣辱与共，团体不是个体的简单集合，而是成员之间互相依存的共同体。

二、团体的类型

（一）根据团体目标不同划分

1. 教育团体

团体领导者为团体成员提供不同主题的信息，承担着教育者的角色和引导成员讨论的角色。通常教育团体只有一次聚会，聚会时间约持续 2 ~8 小时。

2. 讨论团体

成员围绕某一共同主题展开讨论，其目的是为成员提供一个交流想法和交换信息的机会。领导者主要是充当促进谈话的角色，以及保证成员们不偏离主题。例如，读书俱乐部、时事团体、生活风格团体等。

3. 任务团体

它是围绕一个特定的任务完成而形成的团体。任务团体有很明确的目标，会面一次或少数几次。例如，教师会议、学生行为规范制定会议等。领导者的角色功能是促进成员的注意力聚焦既定任务，促进讨论和相互作用。

4. 成长团体

由希望体验置身于团体中的感觉或者希望对自我探索的成员组成。例如，敏感性团体、领悟团体、邂逅团体、生涯探索团体、社交胜任团体、自尊团体、愤怒控制团体等。成长团体为每个成员提供探索与发展个人目标以及更好的理解自我与他人的机会。它的目标包括生活风格的改变，对自身与他人更好地认识、改善人际沟通以及对价值观的评估。领导者在营造友好、分享与倾听的群体氛围上起着重要作用，而且在成长团体中随着成员所暴露的不同问题，将会出现大量的咨询与辅导工作。

5. 咨询与治疗团体

由一位咨询师或治疗师和一些带有相同或相似心理与行为问题的成员组成。咨询师或治疗师为成员提供心理帮助，团体的注意力集中于不同的个体和问题。通常，咨询师或治疗师会扮演一种主控的角色来指导团体咨询的进程。

6. 支持团体

由一些具有某些共同之处的成员组成，可能是天天会面，也可能是一周一次、一月一次或两次。支持团体中的成员交流思想与感受，帮助彼此检验某些问题和忧虑。例如，亲人正面临死亡威胁的人、社区康复中心的老年人、艾滋病人等。领导者的作用主要是鼓励成员之间真诚地交流、分享体验和想法。

7. 自助团体

由一些具有共同兴趣或面对相同困难的人组建的一个群体支持系统，它强调成员之间的自助性和团体内部的资源的利用。自助团体的领导者往往不是专业人员，他与团体成员一起为克服同样的问题而努力。自助团体是自愿形成的，团体形成是为了互相帮助和完成特定目标。团体通常由同伴组成，他们结合在一起是为了互相帮助以满足共同的需求、克服通常的障碍或生活迷失问题并产生希望。这些团体的发起者和成员感觉借助或通过现有的制度无法或不可能实现他们的愿望。自助团体强调面对面的互动和作为成员的个人责任的承诺。他们经常提供物质和情绪上的支持。他们常是“原因”取向的，并且传播理想或价值，成员们可能获得对个人人格同一性的深刻意识。

自助团体分为以下五种类型：

（1）干预习惯自助团体，如戒烟者互诫团体、体重控制团体等。

（2）普遍性目的自助团体，如情绪互诫协会、同情赞助者协会等。

（3）生活方式自助团体，如收养者自由运动协会、朋友互助协会等。

（4）身体障碍自助团体，如肺气肿互助协会、心脏修复俱乐部等。

（5）其他的自助团体，如匿名社交俱乐部等。

（二）根据团体成员的背景、问题性质的相似性划分

1. 同质团体

同质团体是指团体成员的年龄、性别、学历、生活经历、心理问题具有一定的相似性。例如，老人团体、大学生团体、妇女团体、压力适应团体、减肥团体、学习困难儿童团体、亲子沟通团体、考试焦虑辅导团体、情绪调控训练团体、教师同理心训练团体、婚姻危机调适工作坊等。同质团体的优点表现为：团体成员因背景、条件的相似性而有许多共同语言、共同体验，互相之间容易沟通，能互相关心，不会感到被孤立，似乎有一种同病相怜的感觉，并且成员可以从其他成员身上受到启发。

2. 异质团体

异质团体是指团体成员的自身背景条件、个人特质或所遇到的问题的差异性很大，情况比较复杂。这类团体的成员常常因为志不同道不合、话不投机而难以沟通和建立信任关系，阻碍团体的正常发展。而团体动力一旦形成，成员互动沟通的机会增加，互相激励，将有助于成员学习行为的建立。例如，创造力训练团体、两性关系成长团体、社会人士的生涯辅导团体。

当然，团体的同质和异质是相对于某些指标而言的，例如，学习成就、学习能力、情绪行为、家庭类型等。而且即使是同一指标，往往也是程度上的类别，具有相对性，例如，一个学校的班集体，从年龄指标上可以视为同质团体，而从学业、能力、个性等指标来看，则是高度异质化的。

（三）根据团体辅导活动的程序性划分

1. 结构式团体

结构式团体是指为了帮助成员学习，事先做了充分的计划和准备，根据团体所要实现

的目标来设计相应活动程序和引导成员积极参与。这种类型的团体的优点在于：团体目标明确、活动安排的程序化、领导者与成员的角色明确、重视团体互动气氛、改善成员的目标行为、有团体焦点主题等，如发展性辅导团体。

2. 非结构式团体

非结构式团体是指不刻意安排有程序的固定活动，强调成员自主性的团体。领导者对团体较少承担责任，其主要任务是促进成员互动，对团体目标与方法很少介入。团体目标与团体进程由成员在互动中自己探究。团体在初期往往表现出一种无组织状态。非结构式团体是以非指导性的程序结构进行的。在这种结构下，领导者的角色比较隐蔽，成员的学习是在活动过程中自然发生的，而经由怀疑、焦虑、愤怒、挫折，逐渐转向澄清、重构、分享和认同。因此，成功的非结构式团体也可能产生高度的团体内聚力和治疗功能。一般来说，这种形式的团体更适合年龄较长、心智成熟、表达能力较强的人。

（四）根据团体的重心和目的的不同划分

1. 训练团体

训练团体，又称T小组。德裔美国心理学家勒温及其同事在20世纪40年代主持的一个领导人训练计划时，发现利用团体训练人际关系技术是一种很有成效的途径，之后勒温的同事在美国缅因州成立了第一个社交训练团体。

2. 个人发展团体

个人发展团体，也称敏感度训练团体。个人发展团体的重要目的在于：借由成员间的互动作用，促进个人的成长与发展，增加自己对他人觉察的敏感性。

3. 学习团体

学习团体是由多种团体经验演变而来的，在这种团体中，所有的人都是学习者，在结构性不强的团体运作下，因时因地学习如何学习，以增进自我了解和改善人际关系。

（五）根据学校团体辅导的组织模式划分

1. 发展性辅导团体

发展性辅导团体是学校心理教育的基本团体模式，也是应用最为广泛的辅导团体形式。人的心理素质和能力是一个不断发展的过程，在人生的不同阶段与成长过程中，个体必然会不断遇到某些暂时性的心理困难，如果能有效地克服这些不可避免的心理问题或挑战，人就能获得心智上的成长。因此，发展性辅导团体的主要目的是通过团体成员的主动参与，有效地表达自我，找到伙伴共同的兴趣与目标，在此基础上，通过交流、互动、体验和反思，得以自我成长与自我完善。

发展性辅导团体的功能具体表现为：一是使个体已经弱化的社会功能与技巧在团体中得到修正与增强；二是使个体掌握社会技巧来自我解决问题；三是团体可以协助成员走向自我完善，激发心理潜能。这些功能的实现依赖于四个重要条件：一是提供团体成员情感、思想宣泄的机会；二是成员能从团体获得心理支持，满足被接纳和归属的需要，提升自尊心与自信心；三是成员能获得新的自我领悟；四是改善社会适应能力，促进自我的成长。发展性辅导团体具有多种形式，如自我探索团体、生涯发展及规划团体、人际关系团体、两性沟通成长工作坊、自我成长团体等。发展性辅导团体经常使用的方法有：团体讨论、问题解决法、角色扮演、行为训练、团体游戏、各种习作与活动、演讲会、报告会、参观访问、影视观赏等。

2. 训练性辅导团体

这是学校心理教育的重要团体模式。训练性辅导团体重视团体成员人际关系技能的训练，着重借由团体背景下的行为演练培养成员解决问题的能力。训练性辅导团体的主要功能是为团体成员提供一个实验室，通过团体内的互动体验，协助成员改善非适应性社会行为，学习对自己、对他人、对团体的理解与洞察，获得新的行为模式。训练性辅导团体有三个显著特点：一是强调此时此地的行为表达与演练，不涉及成员过去的行为习惯；二是关注团体互动过程，而非着重内容；三是强调真实的人际关系，尊重他人，有利于他人的成长。一般来说，训练性团体过程包括三个阶段：原有态度解冻阶段、敏感性训练阶段和新态度、行为模式的巩固阶段。在通常情况下，训练性团体规模为 10～15 人。

3. 治疗性辅导团体

这是学校心理健康教育的重要补充形式。通过这种辅导团体特有的治疗性因素，能够改变成员的人格结构，实现心理康复。治疗性辅导团体一般存续较长的时间，所处理的问题也较严重，往往针对某些表现出异常行为的学生，如焦虑、神经症、抑郁、性心理障碍等。治疗性辅导的核心放在过去经验的影响以及个体的潜意识因素，同时或多或少必须改变个体的人格结构。在学校心理健康教育中，治疗性辅导团体主要是针对问题青少年展开的，它并非学校心理教育的主流形式。

（六）根据团体成员的固定程度划分

1. 封闭式团体

封闭式团体是指从第一次团体聚会到最后一次团体聚会，参加成员保持固定不变的团体。封闭式团体的成员有较高的和谐性和认同感，在团体进行过程中是不允许吸纳新成员加入的。一般来说，咨询与治疗团体经常采用封闭式的方式来进行。

2. 开放式团体

开放式团体是指参加团体的成员并不固定，新成员有兴趣可以随时加入，旧成员可以随时离开的团体。例如，大学生读书俱乐部、一些自助团体。

此外，我们还可以根据团体规模将团体划分为：小团体（少于 20 人）、中团体（20～35 人）、大团体（多于 35 人）；根据团体领导者所依循的心理咨询与治疗的理论取向的不同，将团体划分为：心理分析团体、阿德勒疗法团体、认知治疗团体、行为治疗团体、理性情绪治疗团体、心理剧团体、会心团体、现实治疗团体、格式塔治疗团体、存在治疗团体、TA 团体等。

第二节　团体心理辅导理论

一、什么是团体心理辅导

团体心理辅导又称团体心理咨询，是相对一对一的个体心理辅导而言的，是一种在团体情境下提供心理援助与指导的一种咨询形式，由领导者根据成员问题的相似性或成员自发组成课题小组，通过共同商讨、训练、引导，解决成员共同的发展或心理问题。

团体心理辅导的优越性在于将团体作为一个微型社会，为那些在现实生活中受到挫折、压抑的成员提供一个宽松的环境。在这个充满理解与支持的团体氛围中，参与者愿意尝试各种选择性的行为，探索自己与其他人相处的方式，学习有效的社会技巧；团体成员之间能讨论彼此之间的相互察觉，并获得其他成员在团体中对其察觉的反馈，使之经由别人的观点来审视自己；培养成员的信任感与归属感，从对团体的信任到信任周围的其他人，从对团体的归属感扩延到对学校、社会的认同感与归属感。团体心理辅导可用来满足各种特殊群体的需要，是当代发展最快的心理咨询和治疗的形式之一。

二、团体心理辅导与团体心理治疗

团体心理辅导（group counseling）与团体心理治疗（group psychotherapy）是一个连续体，不存在质的差别，但在某些具体特征上存在着不同点。团体心理辅导与团体心理治疗的特征（见表1）。

表1　团体心理辅导与团体心理治疗的特征

团体心理辅导的特征	团体心理治疗的特征
1. 团体经常具有共同目标	1. 团体各个成员个人的目的比团体的目的更加重要
2. 讨论多半是属于知识性的，通常并不与个人有关联，而是与团体的重要话题有关联	2. 讨论通常偏重情绪或感情的色彩，所讨论或感受的问题乃是个人的问题
3. 重点放在讨论内容上	3. 特别强调讨论的过程，其次是讨论的内容
4. 特别注重团体本身的利益与学习	4. 团体只是手段，所注重的是个人
5. 由实行评鉴以及判断任务的指导者时常加以评价	5. 采取自由、宽容的气氛，因此可以减少焦虑，团体内成员可以自由表达任何情感
6. 团体成员对他人的态度不会有很大的改变	6. 团体成员更能相互支持
7. 团体咨询的主要目的是知识的增加和了解	7. 团体成员更能接纳自己、了解自己，因此可以导致变化
8. 团体活动通常是以领导者为中心	8. 团体治疗较倾向于当事人中心
9. 团体活动将会导致形式和组织的类型	9. 团体治疗具有非正式的或非组织的类型
10. 团体咨询的人数可以相当多	10. 团体治疗的规模较小，团体人数较少

第三节 团体心理辅导特点

团体心理辅导充分重视与利用人类的乐群性本质特征，应用范围广泛，是一种最经济、最有效的方法。团体心理辅导与个别心理辅导相比具有以下四个优势：①团体心理辅导的感染力强，具广泛的影响性；②团体心理辅导效率高，省时省力；③团体心理辅导的效果容易巩固与迁移；④特别适用于人际关系适应不良的人。

一、团体心理辅导的优点

团体心理辅导具有以下十二个优点：①让学生了解、体验到自己是被其他学生支持的，以获得公德心和增强自信心；②让每一个学生能够从与别人的相互关系中找出自己的利益，学生将可以得到单独与咨询员接触所不能得到的利益；③鉴别需要特别予以援助的学生；④增进个别的咨询，团体的经验可以提高辅导的需求，达成更好的成熟；⑤有益于发展社会性，团体中所获得的社会化经验可以促进学习与改进行为；⑥可以提供治疗效果，以便更好地适应；⑦使咨询员可以与更多的学生接触，这种接触可以帮助学生克服胆怯、减轻压迫感，改善自己的态度；⑧使学生获得安全感，增强自信心；⑨提供接近咨询员的机会和求助动机；⑩综合各种教育经验以获得最大的利益，经过团体讨论使方法明确化后，将有助于学生感到参加学校的各项活动是有意义的；⑪消弭学生的紧张和不安；⑫咨询员和教师的工作将更加有效。

二、团体心理辅导的特征

团体心理辅导的特征具体表现为八个方面：①团体中发展信任气氛以促进彼此态度和情感的分享，能将这种信任应用到日常生活中；②增进自我接纳和自我尊重；③澄清生命的价值并探索人生哲学；④能容忍他人并能接受和尊重不同的个体；⑤学会解决问题和正确决策的技巧，并坦然接受这些决定的结果；⑥能敏锐地感知他人的需求；⑦增强关心他人的能力；⑧学会将团体中学习到的经验运用到自己的日常生活之中。

团体心理辅导的六大局限性：①在团体情境中，个人深层次的问题不易暴露；②在团体情境中，个体差异难以照顾周全；③在团体情境中，有的成员可能会受到伤害；④团体咨询过程中获得的一些关于某个人的隐私，事后可能在无意中泄露，给当事人带来不便；⑤团体咨询对指导者要求高，不称职的指导者会给成员带来负面影响；⑥团体咨询并非适合于任何人，社交障碍者极端内向、害羞、自我封闭，不宜参加。

从上面一些学者对团体心理辅导特点的论述中我们可以发现，团体心理辅导具有专业性、开放性、互动性、经济性、目标性、一致性和结构性等显著特征。

第四节　团体心理辅导功能

人类是社会性的动物，人类的行为都具有社会意义，透过团体历程进行的学习既真实又有价值。一个人要了解自己，最好从团体中去了解；要改变自己，最好从团体中改善；要实现自我，最好从团体中去实现。因此，团体心理辅导具有教育、发展、预防与治疗四大功能。

一、教育功能

团体心理辅导的过程是一个借助成员之间的互动而获得自我发展的学习过程。团体心理辅导非常重视成员的主动学习、自我评估、自我改善，有利于参加者的自我教育。团体心理辅导的过程还有利于培养参加者的社会性，学习社会规范并适应社会生活的态度与习惯。成员在团体中可以进行信息交流、相互模仿、检视现实、尝试与创造、学习人际关系技巧等，这些都具有教育的意义。

二、发展功能

团体辅导的积极目的在于发展的功能，这是咨询心理学遵循发展模式的直接体现。通过团体活动可以改善成员不成熟的偏差态度与行为，促进其良好的心理发展，培养其健全的人格。尤其是学校团体辅导能给予正常学生启发与引导，满足学生的自我发展需要，促进其自我了解与接纳，改进人际关系，学习建立充满信任的人际关系所必备的技巧与方法，养成积极应对问题的态度，对自己充满信心，对未来充满希望。

三、预防功能

团体辅导是预防心理问题发生的最佳途径。通过团体心理辅导，可使成员加深对自己的了解与认识，懂得什么是适应行为、什么不是适应行为，提供更多的机会，让成员交换彼此的意见，互诉心声，讨论日后可能遇到的困难及应对策略，增强独立处理问题的能力，预防心理问题的发生或减少心理问题发生的概率。成员在团体中可以更好地了解他人、接纳他人、满足隶属感和互谅互爱的需要。这些都具有预防的功能。

四、治疗功能

心理治疗学家强调人类行为的社会相互作用。团体活动的情景比较接近日常生活与现实状况，以此处理情绪困扰与心理偏差行为容易收到效果。在团体心理辅导中，个人的问题或困扰可以借助勇敢面对或借助澄清而获得疏解。

二、团体心理辅导目标的分类

1. 典型的目标分类有：分为过程性目标和成员个人性目标。

1）团体辅导中过程性目标：①成员个人自我探索；②逗留在此时此地的表现；③实验新行为模式；④让别人认识自己；⑤挑战自我和他人；⑥敢于适度冒险；⑦给予和接受反馈；⑧聆听他人谈话；⑨有效而真诚地回应他人；⑩正确应对冲突和解决矛盾。

2）团体辅导中成员的个人性目标：①增进自尊感；②接纳自我限制性的现实；③学习如何信任自己和他人；④减少行动阻碍；⑤自我释放和获得精神自由；⑥增强自觉性和做出有效的选择；⑦学习分辨拥有感受和依循感受行为的差异；⑧明白他人同样有挣扎；⑨澄清价值观并能够重新评估和修正；⑩强化心理容忍力；⑪发现解决个人问题的方法；⑫增加关心别人的能力；⑬在此时此地情景中和他人有直接的交往；⑭能够关爱他人；⑮学习将自己所期望的向他人提出；⑯对于他人的需要和感受变得敏锐；⑰为他人提供有效的建设性反馈。

2. 按层次心理分为直接目标、间接目标和终极目标三个层次，前二者是较低层次，终极目标是高层次的。

终极目标是自我实现、自我认识和促进自我成长：①对现实有良好的洞察力，并和现实有着良好的关系；②接纳自我、他人和环境；③自发性，基于内在的个人成长发展的动力和自我潜能的实现；④富有使命感，以问题为中心；⑤有超然脱俗的本质和静居独处的需要；⑥有自制力，不受文化背景和环境的影响；⑦持续不断地具有新鲜的鉴赏力；⑧有神秘的经验和浩瀚澎湃的感受；⑨无条件地关心他人；⑩能与人建立深厚的人际关系；⑪无条件尊重他人，具有民主的性格；⑫具有高度德行，目的能够有效支配手段；⑬有哲理的和无敌意的幽默感；⑭具有一种新鲜、天真而直接的创造性。

3. 从团体咨询的特点出发，还可将团体咨询的目标分为独特性目标和一般性目标。所谓独特性目标，是指每一个团体咨询都具有明确的针对性，例如，自信心训练小组的独特目标是增强自信心，人际关系训练团体的独特目标是改善人际关系、掌握交往技能。一般性目标是指无论哪种特殊目的的团体咨询，在团体活动过程中都会包含的目标，具体可概括为以下六点：①通过自我探索的过程帮助成员认识自己、了解自己、接纳自己，使他们能够对自我有适宜的看法；②通过与其他成员沟通交流，学习社交技巧和发展人际关系的能力，学会信任他人；③帮助成员培养责任感，敏锐地察觉他人的感受和需要，更善于理解他人；④培养成员的归属感与被接纳感，使其更有安全感，更有信心面对生活中的挑战；⑤增强成员独立自主、自己解决问题和抉择的能力，探索和发现一些可行而有效的途径来处理生活中的一般发展性问题，解决冲突矛盾；⑥帮助成员澄清个人的价值观，协助他们做出评估、修正和改进。

第二章　团体心理辅导方案的设计、实施与评估

第一节　团体心理辅导方案设计的原则与基本内容

我国高校团体心理辅导方案的设计、实施与评估的发展，无论是其实践工作的开展，还是相关研究的发展，都较为缓慢。高校团体心理辅导方案的设计、实施与评估工作是高校团体心理辅导完成既定目标的导向保证；是对高校团体心理辅导进行客观评价与分析的基础；是高校及时对不合适的团体心理辅导课程内容、活动形式或其他与团体心理辅导相关的工作进行改革和调整的指南针。因此，对高校团体心理辅导方案的设计、实施与评估进行研究，丰富和完善高校团体心理辅导方案的设计、实施与评估的相关理论，促进高校团体心理辅导学科的科学化发展，能够进一步推动高校团体心理辅导的发展，对培养新世纪社会所需的高素质人才有重大的理论与实践意义。

高校团体心理辅导的方案设计是根据大学生的生命成长与心理健康维护的需要来确定的，它反映了团体心理辅导的本质要求，是团体心理辅导价值理念的具体体现。它既是我们从事团体心理辅导活动的指南针和方向标，也是团体心理辅导的最终归结点。

一、团体心理辅导方案设计的基本原则

在具体的团体心理辅导中，我们在秉持价值理念和实现方案设计的同时，还会遇到具体的价值问题的处理，也需要有一些基本原则来约束与规制。团体心理辅导不是直接的价值观教育，但又要在具体的教育活动中体现社会主导价值观的导向作用，使团体心理辅导不偏离思想道德教育的方向。基于此，我们提出了在团体心理辅导中处理价值问题的基本原则，这些基本原则与团体心理辅导的价值理念与方案设计是相承接与相统一的，是一些原则、价值理念和方案设计的具体化。

（一）生命意识和生命成全相融合原则

人是团体心理辅导的出发点和归宿点。在团体心理辅导中，融入生命和生命化教育是其基本要求，这就需要从生命本质的角度关注人的存在与人的成长，因此，第一个基本原则就把生命意识与生命成全统一起来。

1. 生命意识体现在对生命存在、意义与价值的体悟和认识

生命意识是对生命本体的悦纳。这主要体现在对生命的情感体验上，是衡量一个人对

生命的热爱程度。一方面，表现为个体对自我生命本身的觉察、欣悦、沉浸，感受到生命的快乐与喜悦；另一方面，表现为对他人的生命乃至整个世界的生命的同情、关怀、钟爱与怜惜。有了对生命的悦纳与爱惜，才会有对生命的真正尊重与敬畏，也才能感受到生命的尊严与价值。

生命意识是对生命意义和价值的敬重。人生在世，不仅仅是为了活着，要体现生命的价值，就必须超越人仅仅满足于自我生命保存与延续的狭隘性。生命的真正价值不仅仅是自我的存在，更是要在自我存在中表现出生命的意义和价值，同时也是人对自己以及他人生命价值和意义的由衷敬重，这才是完整的生命意识的观念。

2. 生命成全是对生命价值实现的促进

要让生命有意义和、价值，需要生命的成全，这是生命化教育的目标。生命的成全就是使每一个个体都实现“可能的更为健全的生命”，使人成为具有健全人格并富有个性与生命价值的人。具体地说，这种对个人生命的成全，是在基于个人独特性的基础上，使个人潜能得到充分开发和个人显能得到最大限度发挥，使每一个人都获得生命最大限度地绽放。在这种生命能量显现的过程中，个体不仅为自己谋福利，承担起个人对自己的责任，同时也为社会做贡献，承担起个人对社会的责任。正是在这种对责任的担当中，体现出一个人生命的意义和价值。

从生命意识到生命的成全，是对生命由知到行的过程。没有生命意识，就无所谓对生命的成全；而没有对生命的成全，就没有生命的意义与价值，也就没有真正的生命意识。把生命意识和生命成全统一起来，以生命意识引导生命成全，以生命成全体现生命意识，这就是团体心理辅导给予人的整体的生命感悟。

（二）个人价值与社会价值相统一原则

价值体现于主体与客体的关系之中，是客体与主体之间的积极效应关系。个人与社会构成了相互作用和影响的统一体，它们是相互的主体与客体的关系。而且社会是由个人组成的，是扩大了的个人。因此，人生命的意义与价值也表现为既是个人的，也是社会的。人的价值是个人价值与社会价值的统一。事实上，我们已经越来越重视个体，越来越注意尊重个人的权利与自由，维护个人的尊严与价值，“以人为本”的发展观便是最好的体现。“以人为本”是科学发展观的核心，它意味着真正地把个人放在重要的位置，个人真正地得到了尊重。生命第一的理念在许多场合有所体现，许多突发事件中的救护及支援行为便是最好的证明。因此，现在社会的主流价值观中，个人与社会的关系显得更为辩证、灵活和人性化。在团体心理辅导中，我们也要把这种价值观传递给学生。

1. 要提倡集体主义原则

要让学生明白，集体主义原则并不过时，也不与个人利益相冲突。集体主义依然是我们社会主流价值观的表现。在社会的各个领域，集体主义依然是我们处理集体与个人的关系的道德原则，即提倡个人服从集体，集体兼顾个人，当二者发生矛盾时，原则上是为了集体利益而牺牲个人利益，以个人成全集体与社会。但更多的情况下，需要社会尊重个人价值和给个人以尊严。

2. 要尊重个人价值与尊严

我们提倡个人为社会做贡献的价值观，也歌颂那些舍小家为大家的道德行为，但反对无谓的牺牲，也反对以集体的名义对个人利益进行无理侵占与剥夺，更反对打着集体的旗号践踏个人尊严和个人价值。在现代文明社会，党和政府应树立民生第一的价值理念，把为人民群众谋利益落到实处而不是停留在口头上，把造福人民当成党的方案设计，进而从根本上体现对个人价值的尊重，对生命尊严的维护。每个公民都拥有宪法赋予的自由和权利，法律面前人人平等；国家发展的最终目的是满足人民群众日益增长的美好生活需求；社会要给人的自由和全面发展创造有利的条件，让他们的聪明才智竞相迸发。虽然在目前来说它可能还只是一个理想，但它体现了国家层面的价值观转变，也体现了以人为本的科学发展观的真正落实。

3. 倡导个人价值和社会价值相统一

在团体心理辅导中，面对价值问题的时候，既要肯定个体的个人价值实现的合理性，努力满足个体在物质财富和精神方面的正当要求；也要引导学生重视个体的社会价值的实现，引导学生努力提高自己的能力与本领，为社会创造物质和精神财富，对他人伸出友爱之手，爱护大自然，不破坏环境，努力维护自然界的生态平衡。而且，只有当人的社会价值大于其个人价值时，亦即个人的贡献大于其索取时，社会才能进步。因此，要引导学生走出自我的樊篱，树立在创造和奉献中实现自己人生价值的价值理念，多为社会做有益的事，多为社会作积极的贡献。

二、团体心理辅导方案的基本内容

高校团体心理辅导的方案设计具有不同的层次性，方案设计的全面实现就是由维护心理和谐——提高心理素质——促进全面发展——实现生命价值的四个层次目标的全面展开，其中达到心理和谐是基础，提高心理素质和获得全面发展是中介，实现生命价值是最终旨归。团体心理辅导方案设计的具体要求，就是四个方面的有机统一和完满达成。

（一）维护心理和谐

中国是一个十分重视和谐的国家，“和”是中国传统文化的基本特征和内在精神。在传统“和”文化的基础上，团体心理辅导的方案设计的实现起点就是广义的心理和谐。具体包括如下方面。

第一，生理心理的和谐。生理心理的和谐也称身心和谐。身心关系在我国的传统文化中表达为形神统一观。其中形体是人的根本，是生命的依托，也是精神思维活动的载体，形神二者是相互依附、不可分割并相互影响的关系。中国自古就有情志致病论，在《黄帝内经》中，有“怒伤肝、喜伤心、思伤脾、忧伤肺、恐伤肾”之说，即七情的过度偏激对人体的气血、脏腑均有一定的损害。现代心理学也表明，人的生理和心理是密不可分、相互影响的。一方面，生理会影响心理，当人的身体有疾病时，心情也会郁闷和痛苦，脾性也可能发生很大改变。另一方面，心理也会影响生理，如悲伤、愤恨、抑郁这些不良的情绪的长期疲积，会导致患癌症的概率增高，急躁、火爆的性格会对高血压和心血管类疾病有很大影响；相反，快乐、宽容、积极和充满希望等情绪则有益身体健康。团体心理辅导就是要让学生了解这种生理心理的相互关联和影响性，懂得唯有生理与心理协调一致，达到身心平衡，表现为心情愉悦，身体健康，才能获得生命个体的内在和谐。

第二，心理因素的和谐。心理因素的和谐主要是指心理内部各因素之间的协调一致。人的心理现象包括两大部分：心理过程与个性心理。心理过程即人的知、情、意的活动过程；个性心理包括人的个性倾向和个性心理特征，即需要、动机、兴趣、理想、信念和气质、性格、能力等。心理过程常常以个性心理为内容，个性心理通常会通过心理过程来表达。团体心理辅导就是要引导学生重视并努力达到心理因素的和谐。首先是心理过程的和谐统一。即在自己的心理和行为活动中，使知情意协调一致，表现出认知的理智性、情感的愉悦性和意志的控制性，在相互的协调配合中，发挥各自的功能及其综合作用。其次是个性心理的协调稳定。即保持个体自身需要与动机的一致，气质、性格与能力的协调与相互的取长补短。如果知情意不协调，个性心理不和谐，就会产生心理冲突，如理智与情感的冲突、情感与意志的冲突，或者人的需要、动机、兴趣与现实产生冲突等，都可能会带来心理困扰，严重者甚至出现严重心理问题或心理障碍。因此，有效地保持各个心理因素之间的和谐及功能的充分发挥，也是心理健康的表现。

（二）促进社会适应

社会适应其实就是人与环境的和谐共处，包括人与人、人与社会以及人与自然环境三方面的和谐。良好的社会适应是心理健康的判断标准之一。

第一，人与他人的和谐。人与他人的和谐反映的是人与人的关系，主要包括人与他人、人与群体的和谐，这是整个社会系统最基本的和谐，对学生来说就是人际适应。无论是家庭、邻里、班级、团队，还是组织、单位等，都存在人际关系，也需要人际和谐。人际和谐并非没有差异和矛盾，只是在矛盾与差异中强调包容与尊重。在一个多元价值观念的社会里，团体心理辅导是要引导学生做到如下两点：一是学会尊重。即尊重别人的人格和不同的特点，尊重别人的思想信仰与价值选择，尊重别人的文化观念与行为习惯，特别是要尊重身份、地位和境遇不如自己的人等。二是学会包容。包容别人跟自己的差别，包容他人的行为习惯甚至缺点、过失和错误。唯有包容，才会有和谐；唯有和谐，才能合作；唯有合作，才能取得成功。因此，我们应该以“和而不同”的观念与“和谐共生”的理念，进行和谐人际关系的教育，让学生在包容与尊重中构建和谐的人际关系，并在现实生活中真正地与人和谐相处，团结协作。

第二，人与社会的和谐。人与社会的和谐是指人在社会中能够感受到安全、温暖、亲和、包容和尊重，并能在社会中充分发挥自己的才能和张扬自己的个性。每个人都是社会性的人，都处于一定的社会之中。而社会是纷繁复杂的，一个心理健康的人，并非对社会的一切都认同，但却能够很好地融入社会。现实中的社会充满真善美，但也有假恶丑，关键是我们如何去识别和判断。团体心理辅导可以通过价值澄清、价值辩论、价值干预和价值引导等办法，让学生认识和辨别社会复杂现象，学会理性地看待社会，在看到社会的不完善的同时，也看到我们的政府与人民大众所做的努力，看到社会发生的积极变化，看到我们国家美好的前景和充满希望的未来，从而能够清醒地、自觉自愿地接纳主流价值观，包容当前的社会，以达到人与社会的和谐。

第三，人与自然的和谐。自然环境为人类提供了生存、繁衍和发展的物质基础，人与自然的和谐是人类自身生存发展的前提条件。科学发展观的协调、持续发展的理念是我们处理人与自然关系的指针。当今社会，人们已经越来越认识到，地球生物圈中的各种生态系统都与人类的生存和发展息息相关，人们在开发和利用生物圈中各种不可再生和可再生资源来创造物质财富和进行生活消费的同时，千万不能忘记人类活动对各种自然环境造成的直接危害与深远影响，更不能将充满生机的生物圈仅仅看成是人类取之不尽的资源库和能任意排放污染的蓄污池。要知道，人类对生物圈施加的任何影响，生物圈都将按照自身的规律反馈给人类。心理健康教育就是要让学生认识到只有在开发利用的同时，尊重自然、善待自然，按照生态规律办事，自觉放弃不断膨胀的占有欲，约束自己的贪婪行为，倡导节约型消费和低碳生活，建立人类与自然环境的和谐关系，才能使地球生物圈赐予人类的宝贵财富被人类持续地利用，也才能使人类持续拥有美好的地球家园，实现人类社会的可持续发展。否则，无论科学技术有多么发达，人类也难逃自我毁灭的厄运。当学生认识到人与自然的这种休戚相关的关系，建立起与自然和谐相处的价值观念时，他们就会自觉地保护自然，爱护环境；而当人类能够普遍地在这一问题上达成共识时，才能最终获得人类社会的持续、健康地发展。

（三）发展以创造力为核心的能力素质

能力素质是智力因素的综合发展和表现，能力素质中最为关键的因素是创造能力，它是个体和社会发展的核心促进力。

第一，全面提升基本智力因素，促进智力素质的均衡发展。人的智力是在认知过程中表现出来的一般能力，包括由感觉、知觉、记忆、思维、想象、注意等多个方面形成的观察力、记忆力、思维力、想象力和注意力等能力因素，它们在人对事物的认知中既发挥着不同的作用，又协同地发挥着综合作用。

第二，重点发展个人智力特长，形成智力优势。加德纳的多元智力理论告诉我们，人既有基本的智力水平，又具有不同的智力优势，比如有的人记忆力好，有的人长于观察，有的人形象思维能力好，有的人逻辑思辨能力强，等等，这种个性化的智力特长应该充分发掘，并结合自己的专业、兴趣和本阶段的心理特点来发展自己的智力素质。首先，要引导大学生认识自己智力的基本特点，适时地进行智力的强化训练，进一步发展个人的智力特长；其次，要引导大学生认识心理发展的阶段性特点，了解大学阶段认知心理发展的任务，顺应心理发展趋势，开发心理潜能，提高智力素质，形成智力优势。

（四）发展以人格为核心的非智力素质

非智力因素即除智力因素以外的其他心理因素，主要是指情感与意志等方面。智力因素是用智商来表达，但非智力因素却不能单用一个商数来表示。甚至，对于非智力因素由哪些主要因素构成，都不能说是非常确定和统一的。

从概念上说，人格是个体在遗传素质的基础上，通过与后天环境的相互作用，形成的相对稳定而独特的行为模式、思维方式和情绪反应。人格具有独特性、稳定性、统合性和功能性等特点。人格是一个复杂的系统，可把人格结构概括为由气质、性格、认知风格和自我调控等方面组成。从个体而言，人格更表现为一个人身上经常地、稳定地通过言语和行为表现出来的心理特质的总和。现实生活中，人格既具有统合的整体性，又表现为分化的特质性。人格是心理素质的核心和根本，自我意识对人格形成与完善有重要影响，同时也是重要的心理素质。

自我意识是对自己身心活动的觉察，是对自己已经形成的心理特点和正在发生的全部心理活动以及自己与外界事物相互联系等的认识。研究表明，自我意识有一个从无到有、从低到高不断提升的过程，随着年龄的增长，人的自我评价、自我体验和自我控制发展均得到提高。自我意识的发展大约经历三个时期，即自我中心期、客观化时期和主观化时期。在青春期，自我意识就得到较大发展，是青少年开始走向独立的时期。青年中晚期或成人前期的大学阶段，是自我意识发展的成熟期。在青春期自我意识发展的基础上，这一阶段自我意识发展的任务是进一步完善自我意识，并形成积极自信的自我概念和实现自我同一性。这时的团体心理辅导主要是：首先，引导学生正确认识和评价自我，增强自己的独立性，摆脱对父母的依赖，完成心理上的断乳，实现与父母的分离，形成真正意义的独立自我；其次，引导学生增强自己的自我控制和调节能力，处理好学业发展、情绪情感、人际关系、人格成长等问题；最后，引导学生树立正确的理想信念和自我发展的目标，较好地处理好专业学习与生涯发展的关系，使理想自我与现实自我达成统一，最终获得自我同一性，能够作为独立的个体去应对生活、学习以及将来工作中的各种难题，促进自我的发展与完善。

第二节　团体心理辅导方案设计的步骤与要点

团体心理辅导设计是指运用团体动力学与团体心理辅导和咨询等专业知识，系统地将团体活动加以设计、组织、规划，以便领导者带领团体成员在团体内活动，达到团体心理辅导与咨询的目标。方案设计、活动选择必须考虑团体成员的需求、团体目标及期待结果。如能选择适当的活动并加以运用，将会对团体的过程与发展产生很大的帮助。

一、团体心理辅导方案设计的要点

高校的团体心理辅导活动是指以学生课外活动的方式进行的团体心理辅导，是由学校有关部门组织的，以团体心理辅导为主题，面向全体学生并以学生的直接参与为主的全校性的课外活动（或第二课堂活动）和校园文化活动。它既可以看作团体心理辅导课程教学的延续，把课程教学的内容拓展到学生的课外活动之中；也可以作为一种独立的团体心理辅导活动和一种富有成效的团体心理辅导的独特方式。

（一）团体心理辅导活动中价值引导的一般特点

1. 情感性

团体心理辅导活动中价值引导的情感性是由其情境性和情景性决定的。团体心理辅导活动与课程教学不同，课程教学依托的主要是认知能力，并借逻辑的力量把价值观念传导给学生，活动性和情感性手段和方法只起辅助作用。而在团体心理辅导活动中，则是把价值导向和价值观引导全部置身于各种活动所设置的情境和情景中，这些情境和情景往往具有强烈的情感吸引力和感染力，可以让身处其中的学生不由自主地跟随着这种情感而起伏跌宕，此时，学生的记忆、联想、想象以及思维活动也会带有情感色彩，并会因情绪的感染而更具接纳性和包容性。学生在具体的情境和情景中，不仅学会了共情和关爱，发展了情感能力，也会因情感的触动而转变认知，自觉地内化其中所蕴含的价值观念，自然而然地达到价值引导的目的。

2. 间接性

团体心理辅导活动中价值引导的间接性是由其主体性特点决定的。由于团体心理辅导是以活动的形式进行，且全部活动都是由学生去完成，因此不适合进行直接的价值观引导，但却可以有明确的价值导向性，即通过以一定的价值理念为指导的方式，开展主题鲜明、形式多样的活动，并把积极的、主流的价值观融于其中，赋予主流价值观更强的吸引力和感染力，让学生在情景感受和体验中接受无形的价值观的影响。而且，这种通过各种活动间接传播主流价值观念的方式可以消除学生的反感情绪，使学生在潜移默化中接受影响，引起学生内在的思想信念的悄然变化，并改变自己的行为，获得身心的和谐健康和思想境界的提升。

3. 隐蔽性

团体心理辅导活动中价值引导的隐蔽性是由其体验性特点决定的。团体心理辅导活动特别重视学生的亲历行为与自我体验，所开展的各种活动如心理情景剧、手语歌、主题活动等，都有很强的情景性和体验性，可以让学生置身整个活动的情境和各种各样的情景中，充分感受蕴藏于这种活动中的欢乐与愉悦，在亲身经历具体事件和场景体验中得到相应的认识感悟，学会避免、战胜和转化消极的情感和错误认识，发展、享受和利用积极的情感与正确的认识，促进其良好习惯的养成，提高其身心素质。价值引导正是融于这些具体活动之中，通过活动本身带来的体验和感悟，让学生不知不觉中内化活动本身所承载的价值观，达到传播主流价值观的目的，因此，具有隐蔽性的特征。

（二）团体心理辅导活动中价值引导的具体路径

团体心理辅导活动的形式很多，但最具特色和效果的还是团体心理辅导活动周的专题活动。每个高校每年都会定期开展团体心理辅导活动周，而且各高校的团体心理辅导活动都有别具匠心的名称，每年的主题也不一样。如某大学的团体心理辅导活动叫“温心活动”，每年的主题都不同，如2018年的主题是“轻松学习，快乐生活”，2019年的主题是“心若在，梦就在”等。这样的活动一般都是由整体方案和具体方案组成，价值引导就寓于这些方案以及具体的活动之中。高校的团体心理辅导活动虽然是由学生全程参与和组织完成，但活动的整体设计却是由学校有关部门来主持和组织。因此，这些部门的领导与教师应该有明确和清醒的价值传导意识，把社会主流价值观的导向融入整个团体心理辅导的整体活动，并体现在活动的总体目标、整体方案和具体方案的设计之中。

1. 活动总目标中的价值导向

高校在开展团体心理辅导活动时，会有明确的指导思想和宗旨。比如，某大学团体心理辅导中心确立的大学生团体心理辅导活动的指导思想是：“通过大力开展丰富多彩、形式多样、寓教于乐的团体心理辅导活动，营造关心学生心理健康、提高学生心理素质的良好氛围，在轻松、自然、活泼的氛围中引导学生树立正确的心理健康观念，掌握维护心理健康的基本知识，培养良好的心理品质，增强心理自助能力和承受挫折能力，促进学生健康、全面、协调发展。”某大学团体心理辅导活动的指导思想是：“旨在更好地在广大学生中普及心理健康知识，广泛宣传心理健康对大学生成长成才的重要性，在校园营造良好的心理健康氛围，引导广大学生树立正确的健康观念，提高学生的心理健康意识；同时，通过举办现场咨询等形式多样的团体心理辅导活动，解答学生心理健康方面的疑虑，预防学生心理疾患的产生，提高学生的心理素质，使团体心理辅导工作更好地为广大学生健康成长成才服务，某大学学生工作部制订的“大学生团体心理辅导活动方案”的指导思想是：“遵循思想道德教育和大学生身心发展规律，坚持以学生为本，全心全意为学生成长成才服务的学生工作宗旨，通过开展团体心理辅导活动，提高学生的心理调节能力，培养学生的良好身心素质，促进学生的思想道德、科学文化和身心健康等方面素质全面而协调地发展，使学生早日成为社会主义事业的合格建设者和接班人。”这些不同类型学校的指导思想，都不约而同地坚持了积极进取的核心价值观和主流价值观的导向，关注学生的成长、成才和全面发展，这也是我国高校团体心理辅导活动价值导向的主旋律。

2. 整体方案设计中的价值导向

整体方案设计的价值导向与团体心理辅导活动总的指导思想和活动宗旨是一致的。如某大学开展的“某某大学第八届团体心理辅导活动月活动方案”，其目的是“进一步普及心理健康知识，促进大学生思想道德素质、科学文化素质和身心健康素质协调发展”，活动月的主题是“沟通人生——真心真情真理”。某大学团体心理辅导中心举办的第八届“心灵之路”团体心理辅导活动月，则以“增强自信，和谐我心”为主题，目的是加强学生心理素质教育，促进校园心理和谐，引导学生适应新变化、迎接新挑战。活动分为学校活动与学院活动两部分，学校活动包括新生心理委员专题培训、心灵茶座、“心灵有约”系列讲座、“心理沙龙”等活动；各学院组织班级开展“自信增加一小步，人生成长一大步”主题班会、“传真情，暖人心”心理短信送关心以及观看心理影片等活动。这些活动均体现了积极、健康、向上、友爱等的主流价值观的导向，这在我国高校也是普遍现象。

二、网络和朋辈团体心理辅导中的价值引导

高校的团体心理辅导远不止课程教学和课外活动这两种形式，校园网络、学校广播电视、校刊校报、图书资料、橱窗板报以及同学之间的朋辈互助等都是进行团体心理辅导的好形式，它们主要是以自我教育的方式对学生进行团体心理辅导。

（一）网络团体心理辅导中的价值引导

网络团体心理辅导即以网络为载体和媒介所进行的团体心理辅导。随着互联网的发展，网络成了大学生每天都离不开的信息源，是学生接触最多的信息渠道。因此，利用网络进行团体心理辅导已经成为高校进行团体心理辅导的新途径和好形式。我国的网络团体心理辅导开始于21世纪初，并随着互联网迅速普及迅速发展起来，形式也越来越丰富多样，它们以不同的方式发挥着作用。

一是心理网站。又可细分为工作网站、专业性心理网站、课程网站等。工作网站主要是学校日常团体心理辅导工作方面信息通告和内容介绍，或向学生提供心理测验、建立心理档案等服务和有关心理知识的普及等，主要服从于学校团体心理辅导工作的需要，同时为学生提供一定的心理服务；专业性心理网站主要是面向学生或者大众，通过生动活泼、种类多样、独辟蹊径的呈现方式，介绍丰富的心理健康知识，包括普及性的心理知识、喜闻乐见的心理故事、典型的心理案例、心理调适方法和技巧、优秀心理影片、热点关注问题等，是团体心理辅导工作的深化；课程网站主要是一些学校以大学生团体心理辅导课程为核心来展现课程的教学情况、教学内容、教学课件、教学录像及相关的心理学知识与视频资料、网络课程等。这是面向学生的课程拓展，目的是进一步为学生提供更多、更深入的团体心理辅导的知识和资料。一般来说，在同一所学校里，这些相关网站会连接起来，形成统一的平台，方便学生访问，最终都是为学生服务。

二是网络团体心理辅导。包括即时性团体心理辅导和继时性团体心理辅导。即时性团体心理辅导即以实时联通的方式，团体心理辅导师与求助者在线进行直接网络对话，可以是一对一，也可以是一对多的方式。主要解决的是一些具有普遍性的、浅层的心理问题或生活、学习、工作、交往和情感中遇到的烦恼、困难、挫折等。继时性团体心理辅导则是求助者在网上留言，咨询师定时回答的一种咨询方式，由于缺乏直接的沟通，往往也只能做一般性的解答，同样也是解决一些具有共性的和浅层的心理问题以及一般的心理困扰。网络团体心理辅导因其匿名性满足了部分学生不想暴露自己身份，又想获得心理帮助的需要，一定程度上对学生的心理问题起到缓解和疏通作用。但网络团体心理辅导因受时空限制和语言表达的制约而影响咨询的进程与深度，因此，如果发现咨询对象有比较严重的心理问题，咨询师一般会建议他到咨询室进一步咨询，以获得更好的帮助。由于有了一定的沟通，这时，大部分求助者通常能够接受咨询老师的建议。因此，网络团体心理辅导对直接的面对面的团体心理辅导又具有一定的中介作用。但由于网络团体心理辅导的诸多局限，因此，它在心理辅导中的作用是有限的，网络团体心理辅导的功能更多地表现在心理

网站的普及性教育方面。

（二）朋辈团体心理辅导中的价值引导

朋辈团体心理辅导主要是由经过一定心理培训和督导的学生（即朋辈辅导员）为其他学生提供心理服务的方式，这是学生自我团体心理辅导的一种途径。它起源于美国的20世纪60年代的朋辈团体心理辅导。美国朋辈团体心理辅导的起因是为了弥补当时学校团体心理辅导力量的不足，后因效果好而进一步拓展出朋辈健康教育、朋辈调解、朋辈伴读等多种形式，又称"朋辈心理互助"。朋辈心理互助主要有两种主要模式：一是朋辈支持模式，即通过朋辈辅导员向受助者提供倾诉、安慰和关怀等精神鼓励，帮助他们尽快弥合因挫折、疾病、灾难等不幸生活事件受到的心理伤害；二是朋辈领袖示范模式，即通过朋辈辅导员对其他学生进行积极的行为示范，以发挥榜样作用，使其不良行为得到矫正。

第一，班级心理委员。这是我国高校最早的朋辈心理辅导形式之一。经过选拔和培训的心理委员是学校心理危机预警机制三级网络"学校—学院—班级"的基层防线，他们生活在学生之中，最容易发现同学中的心理异常问题，也容易取得学生的信任，可以帮助学校消除心理预防工作的盲点，也可以协助团体心理辅导老师对同学进行简单的心理辅导。心理委员的朋辈心理辅导作用的有效发挥，还可以让学生在自助和助人的基础上学会互助，并在互助中共同成长。

第二，学生心理社团。很多高校通过组建学生心理社团和心理协会来开展朋辈心理辅导活动。通常是在老师指导下，由经过培训的社团组织者（也是志愿的朋辈辅导员），在心理社团内组织开展团体活动、互动游戏，或者专题讲座等。心理社团的学生通常对心理学怀有浓厚兴趣，往往会积极参与各种心理活动，他们会在轻松自然的氛围中感受到团体的力量，并逐步形成团体凝聚力，在团体互动中慢慢受到影响而发生改变，获得成长。

第三，朋辈成长小组。朋辈成长小组通常是由于成长中的某方面需要而汇聚在一起，来解决共同的成长问题。如某大学就有"朋辈成长小组辅导项目"，通过系统的团体心理辅导技巧培训、督导和管理，建设"朋辈辅导志愿者队伍"，在校园内开展面向全校学生的朋辈辅导成长小组活动。每学期都会结合心理健康活动月的主题，开展多个发展性的成长小组，每个小组容纳15人左右，主题涉及高校学生常见的适合于朋辈辅导的成长内容，如人际交往、情绪管理、时间管理、自我探索、生涯发展、异性交往、学习适应等。

第四，班级主题班会。班级主题班会一般以班级为活动单位开展，由经过专门培训的朋辈辅导员或心理委员组织，按标准化的操作方案实施，主题可涉及新生适应、班级人际关系、班集体成长等，主要是帮助大学新生适应大学生活，融洽班级人际关系，增进同学了解，加深同学情谊，促进班级成员和谐发展。

第五，素质拓展小组。校园素质拓展训练可以由经过培训的朋辈辅导员带领，是解决各类学生个体发展性心理问题的有效途径。例如自信心训练、领导力训练、信任感培育训练、团队合作训练等，主要目的是使学生在素质训练中培养顽强意志、耐受力、坚持力、沟通能力、合作精神和勇敢精神，以获得心理素质的提高。校园素质拓展训练目前正成为高校心理辅导的一个热点，一些高校已经开始在校园建立素质拓展训练基地，以使更多的学生通过素质拓展训练来培养意志力和团体精神，提高心理素质和心理健康水平。

第三节　团体心理辅导方案实施

团体心理辅导方案实施是团体心理辅导的重要组成部分，也是最早讨论价值问题如何处理的领域。对于在团体心理辅导中如何处理价值问题，中西方团体心理辅导的研究者和实践者们都有许多探讨，争论最多的就是团体心理辅导中是应该价值中立，还是价值干预。其实这两者并非对立的关系。在我国，学者们倾向于认为团体心理辅导应该有价值干预。在团体心理辅导中，价值干预是一个系统过程，价值中立是价值干预过程中的一个环节、一种方法和一种态度。

一、团体心理辅导方案实施的基本过程

在团体心理辅导中，既然价值中立不是绝对的，那么，对价值问题的处理也就可以看作价值干预。价值干预通常表现于团体心理辅导的各个阶段，呈现为一个连续系统过程，这一过程可表述为价值中立——价值澄清和价值引导——价值评估，并与团体心理辅导的三个阶段相对应，即从价值中立开始，到价值澄清与价值引导，到价值评估，最终使学生获得心理康复与生命成长。

（一）关系建立阶段价值问题的处理

这一阶段价值问题的处理最重要的就是把握好价值中立的尺度。团体心理辅导最为重要的环节是良好咨询关系的建立，它决定着团体心理辅导的进展与成效，如果无法建立良好的咨询关系，咨询也将无法有效地进行下去。因此，在关系建立的阶段，把握好价值中立的尺度是关键。纯粹的价值中立是不可能的。就是最为主张价值中立的罗杰斯也承认，价值中立不是完全的价值无涉，而只是把价值干预降低到最低限度。因此，价值问题的处理也就可以看作一个价值干预的过程，而价值中立是价值干预的一种形式，也是价值干预的第一个环节，其特征是不做具体干预，但又为价值干预做准备，最重要的是在团体心理辅导过程中对价值中立的灵活把握。因此，在关系建立的阶段，在价值问题的处理上，应该做好如下几点。

1. 明确团体心理辅导前期价值中立的必要性

在团体心理辅导的前期，价值中立是非常必要和必需的。这时价值中立更主要的是一种态度，而不是技术，或者说是一种态度层面的技术而不是方法上的技术。价值中立是建立良好的咨询关系和获得学生信任的前提，也是团体心理辅导能够进行下去并取得满意效果的保证。这时，需要咨询师表现出真诚相助的态度，以宽容接纳的开放心态，对学生无条件积极关注，以温暖的心与学生进行深度共情，融入性地深入学生的内心世界，体验性地理解学生的现实处境和心理痛苦，启发他自我探索，激发他的自我力量和自我实现的愿

望等。

2. 不对学生的价值观进行道德评判

前来咨询的学生，或多或少都会存在这样那样的价值观方面的问题。在中国这样的文化背景下，他们往往是鼓足勇气来接受团体心理辅导的，最担心和害怕咨询师对他们评头论足、说三道四。因此，无论我们面对什么样的学生，也无论我们认为他们的价值观是多么的糟糕，都应该持宽容与理解的态度，不要轻易对其进行价值判断和道德评价。这种不评价、不评判不等于没有是非观念和道德标准，更不是认同学生的不良行为，而只是体现了对学生的尊重、包容与爱护，它是在告诉学生，无论他存在怎样的问题，在这里都是平等的、安全的，是可以被接纳和被保护的。即使最后真的要做出评价，也要通过提高学生的认知水平或面对问题的勇气，最好由他自己来做出评判。

3. 避免咨询者的价值观对来访学生的伤害

首先，咨询者对自己的价值观要有敏锐的觉察力和高度的警觉性，在咨询活动中，要清醒地认识到自己的价值观与学生的价值观的异同，分清自己的价值观与学生价值观的界限。其次，在关系建立阶段，不要有意无意地以任何明白或隐晦的、直接或间接的、语言或非语言的方式，把自己的价值观强加于学生，尤其是当咨询师与学生的价值观存在不一致或冲突时，过早的价值干预可能会导致学生更为混乱与纠结，甚至可能会对学生造成新的伤害或导致咨询关系的中断。再次，即使是社会普遍认同的一些主流价值观念，如尊重人的生命、公平正义、尊重隐私、关心人的成长和发展、维护人的尊严、平等和自由等，也不要急着传递给学生，因为并不能保证自己的价值观在任何情况下都具有普遍的适用性；学生可能还没做好接纳的准备；学生可能出于某种原因或个人经验不愿接纳这些价值观等。咨询师一定要记住的是，不是你认为好的，别人也一定会认为是好的；也不一定良好的价值观就一定会产生好的影响。此时，分清自己与来访学生的价值观界限，坚持中立态度是非常必要的。

4. 充分尊重来访学生的价值取向

在团体心理辅导中，对学生不想改变的价值观念，我们应该充分地尊重。全球化的发展，促进地域文化和世界文化的交流，也带来价值观的碰撞和交融，使社会显现出从来没有过的多样化。因此，我们实际上是生活于一个文化交融和价值多元的时代，应该承认不同价值观的合法性和合理性，充分尊重不同文化背景下学生个人的价值观，要意识到他的价值观可能会对他有特别的意义。不以自己或社会的标准对学生进行简单的价值判断，不对其价值观进行道德评价，不把自己的价值观强加于学生，体现的都是一种尊重，但更高的尊重是一种包容和接纳。咨询师并不是永不犯错的完人，而只是普通人，也会有自己的弱点与不足，自己的价值观也会存在某些问题；而来访学生也不是糟糕透顶、不可救药之人，而只是在某些方面存在一些困扰或障碍而需要帮助的正常人。因此，本着共同成长的理念，我们也应该尝试着理解和接纳学生的价值观，也许在这种包容与接纳中，自己也能开阔眼界，拓宽思维，获得成长。因此，尊重学生的价值观，包容和接纳学生那些充满时代气息、富有创新色彩、积极健康的价值观，也是咨询师自我成长的助动力。尊重学生不想改变的价值观，是在团体心理辅导的全过程都应该做到的，只是在关系建立阶段，具有特别重要的意义。

（二）咨询实施阶段价值问题的处理

咨询实施阶段可以看作团体心理辅导的第二阶段或中间阶段，这一阶段是价值干预的主要阶段，在团体心理辅导中进行价值干预是不可避免的，它不仅必要，而且必然。但何时干预，如何干预，应该根据团体心理辅导的目标、团体心理辅导的特点、所使用的咨询方法以及学生的具体情况等来确定。特别是应针对不同学生的不同问题和需要，进行不同的价值干预，并根据学生的领悟程度来把握价值干预的进程。在咨询实施阶段，价值干预最重要的是做价值澄清和价值引导，这是两个紧密相连，又有所不同的价值干预策略与方法。

在价值澄清阶段，价值中立依然是必要的。当良好的咨询关系建立后，面对学生的价值观的混乱、纠结、矛盾、冲突时，咨询师要做的工作就是在保持价值中立的前提下帮助学生进行价值澄清。价值澄清主要是帮助学生分析他自身与心理问题相关的价值观，使他们获得对自己价值观的清楚认识，为下一步的价值引导做准备，最终帮助他们获得适合于他们生活环境和理想追求的价值观。在团体心理辅导中，价值澄清的方法和步骤如下：

1. 唤醒学生的价值意识

学生通常会因为具体问题引发心理困扰或深受痛苦折磨的心理障碍和疾病前来咨询。这时的学生往往是内心纠结而充满矛盾的。咨询师首先要做的，就是以真诚、温暖、共情的无条件积极关注倾听学生诉说，鼓励学生以开放的心态呈现自己的问题，体验内心的情感与开放内心世界。在倾听的过程中，细心捕捉学生所呈现的问题背后的原因，发现其价值观的根源。

2. 帮助学生进行价值辨析

在让学生明白自己存在有价值观冲突的问题后，面对学生存在的深层价值观混乱、矛盾和冲突的状况，我们可以借助认知行为疗法的技术或精神分析技术，帮助其进行价值澄清，通过与学生平等讨论、启发其深入思考、发现自己内心深处的价值观念的不合理，帮助学生认清其价值观的实质，了解其心理冲突的根源，让学生自己判断自己的价值观念的是非曲直，并达到自我领悟。

（三）咨询结束阶段价值问题的处理

咨询的结束意味着咨询目标的实现，也标志着来访学生已经获得了成长的动力与能力，他可以独立地依靠自己的力量建设性地成长了。咨询的结束过程也是团体心理辅导的最后检讨和终结的过程。在价值的问题上，主要是对价值干预效果的评估和对未完成的价值干预的处理。

1. 对价值干预效果的评估

对价值干预效果的评估通常是咨询者和来访学生共同完成的，评估的结果要得到学生的认可，这种评估一定程度上也是一种新的价值干预，因为评估的结果会对学生产生新的影响。如果学生对评估感到满意，会获得激励的力量，对其今后的人生会产生正面鼓励作用；如果对评估结果不是很满意，则需要根据具体情况决定是否要对学生做进一步的跟进。有时候，再扶一把，推一下，也许就能使学生迈向一个新的高度。此时，评估既是结束，同时也是新的开始。评估的指标主要有两个：

（1）来访学生的价值观体系更加和谐。

由于认知的转变和新的元素的增加，学生原来的价值观的矛盾与冲突消除了，价值观体系变得理顺、圆融和富有弹性。首先，学生更好地接纳了自己，形成了更和谐的自我概念，真实自我与理想自我获得同一，自我成长能力增强，能妥善处理自己的认知、情感和生活、学习等诸方面的问题，对人生中的挫折与不幸遭遇也能坦然接受且有能力去应对；其次，学生的心理更具开放性和弹性，对社会有更好的适应能力，能与别人和谐相处，能融入周围的环境，对社会的认识也更加辩证和灵活，对他人的行为也有更多的包容与理解。总之，当事人感到身心和谐，心情愉悦，精神饱满，充满生命的活力。

（2）来访学生的价值观境界得到提升。

学生除了获得内在的价值观和谐外，还获得了新的领悟和心灵的成长。也许生活并未改变，但走出了小我的学生的心灵发生了巨大变化，从而使生活也染上新的色彩，过去的阴霾一扫而光，看到的是一个新天地，对生活充满了希望与憧憬。价值观境界的提升，也使学生感受到一个全新自我的出现，他的眼光更开阔，心胸更博大，理想更高远，目标更明确，不仅有对自我实现的追求，也有对社会的责任和对人类命运的关注。

2. 对未完成的价值干预的处理

当我们进行价值引导时，如果学生不能接受或暂时不愿意接受，就不可强行干预，否则就变成了价值干涉。也许在某种压力下价值干涉会取得暂时效果，但却不能让学生心悦诚服，甚至会适得其反，使学生反感从而拒绝任何的意见与建议。因此，在咨询结束过程中，还有另一种情况，即对这些未完成的价值干预的处理。此时，尊重学生的意愿和等待学生的成长也是必要的。首先，要认识到，并非所有的价值干预都会收到预期效果，有些价值观的干预会因为各种原因而被迫中止或无效。这时，重要的是尽量减少对学生的负面影响，不要让学生有沉重的心理负担，更不能给学生留下心理阴影。其次，还要明白，学生暂时不能接受价值引导也并不等于干预失败，如果学生觉得你是真正为他着想的，是从他的角度分析问题和考虑未来的，或者你讲的确实是有道理的，那么，相信总有一天他会醒悟和接纳。有时候，心灵的觉悟还需要一定的机缘和阅历。因此，尊重学生的意愿和等待学生的成长便是此时最大的价值取向。

二、团体心理辅导方案实施的基本方法

综合各心理学流派在团体心理辅导中价值干预的不同方法，结合我国现实的团体心理辅导价值问题处理的具体需要和实际情况，提出三种价值问题处理的基本方法，即支持性价值干预、教育性价值干预和分析性价值干预。价值干预的方法虽然不免要与一定的团体

心理辅导方法相联系，但又并不总是与某种方法处于对应的关系中。比如源于精神分析学派的分析性团体心理辅导方法是指通过对学生生活史及人格结构进行深度分析，帮助学生重建人格以达到治疗目的的咨询方法。

但分析性价值干预并不局限于在分析性团体心理辅导方法中使用。

（一）支持性价值干预方法

支持性价值干预与支持性团体心理辅导方法密切相关。支持性团体心理辅导方法是指为学生提供心理支持、提供解释和说明相关的基本原理、对心理问题进行疏导和引导等的团体心理辅导方法，具体包括支持性团体心理辅导、说理性团体心理辅导和疏导性团体心理辅导。主要是处理个体在成长和发展过程中遇到的暂时性心理纠结、矛盾、迷茫和困惑，一般不探讨深层心理问题和不涉及人格结构的改变。支持性团体心理辅导方法所提供的支持是多方面的，如认知、情感、意志方面，主观、客观方面，物质与精神方面等，但其核心是提供心理支持。支持性价值干预属于支持性心理咨询方法认知方面的心理支持。在各心理学流派中，行为主义的阳性强化法、人本主义心理治疗方法和积极心理疗法等都有较多的支持性价值干预。行为主义的阳性强化法主要是通过对良好行为的强化，支持和鼓励其背后的价值观的确立。

（二）教育性价值干预方法

教育性价值干预与教育性团体心理辅导方法关系密切。教育性团体心理辅导方法是指对学生的自我认识能力进行重建和教育的咨询方法的总称，其主要的咨询目的是帮助来访者正确认识自我、发展自我和促进人格的完善，但一般不深入到人格的深层结构和潜意识层面。教育性价值干预有语言教育与行为技术等方式。其广泛地体现在人本主义心理疗法、积极心理疗法、认知疗法和行为疗法等之中。人本主义心理学的存在主义疗法强调咨询师要帮助学生提高觉知水平，使学生澄清其问题并重建对生活的理解，在提高自由选择能力并敢于承担责任的基础上积极采取行动，改变自己；意义疗法强调对生命意义与价值的发现与领悟，强调从现实到理想的健康奋斗中体验生命的价值与意义，其中都蕴含有教育性的价值干预。积极心理疗法是建立在人性本善和人先天具有认知与爱的能力的基础之上的，通过对学生问题的积极阐释，给学生带来希望和转机，并拓展其内在的认知与爱的能力，重建其对自我、对世界的认识，解决自身问题，其过程本身就可以看作一种教育性的价值干预。认知行为疗法主要是通过对学生的不合理信念和认知歪曲进行转变以及促进学生进行认知重建，以改善其情绪与行为，使其获得心理成长与人格完善，因此也蕴含有教育性的价值干预。行为疗法则主要是通过对不良行为的矫正和良好行为的强化达到教育的目的。它对教育性价值干预的意义，更在于通过阳性强化的方法，使好的行为得以形成、巩固与发展，最后促进其发生价值观的巩固和发展。

（三）分析性价值干预方法

“分析性”是源于精神分析学派的概念。分析性团体心理辅导方法是指通过对学生生活史及人格结构进行深度分析，帮助学生重建人格以达到治疗目的的咨询方法的总称。分析性团体心理辅导方法主要是建立在精神分析理论基础上的咨询方法，可以深入到个体的无意识层面，目的是帮助学生全面深入地了解自我，重建人格结构，获得情绪情感的成熟。分析性价值干预与分析性团体心理辅导方法相联系，但又不限于与分析性团体心理辅导方法的连接。分析性价值干预也可以适用于其他的团体心理辅导方法之中，如认知疗法中也有比较深入的分析，去发现核心信念层面的问题。分析性价值干预主要针对存在内在的比较深层的价值混乱、价值冲突而学生又不自知的情况，咨询师要以分析性技术帮助其认识到，正是他自己的价值混乱或价值冲突造成了目前的问题，并帮助他分析其具体存在有什么样的价值混乱与价值冲突，以帮助其获得领悟。分析性价值干预主要表现在以下两方面。

1. 价值中立

价值中立是分析性价值干预的前提。价值中立主要有两层意思：一是咨询师对学生的问题不做价值评判，对学生的价值观不做道德评价，不为学生做价值选择；二是不因自己的价值观影响团体心理辅导过程，不以自己的价值观和情感影响学生，更不把自己的价值观强加给学生。价值中立在任何咨询的开始阶段都是必要的，但它更是分析性价值干预的前提条件，是为进一步的价值澄清做铺垫。首先，坚持价值中立态度，是为了获得学生的信任，如果没有学生对咨询师的信任，就不可能有良好的咨询关系，也就不可能有进一步的团体心理辅导；其次，坚持价值中立态度，是为了深化咨询关系，让咨询师更好地接纳学生，甚至融入学生的内心世界，咨询师如果不能接纳学生，咨询也没有办法进行下去，并会产生许多价值评判与情感抗拒；最后，坚持价值中立态度，可以让学生放松心情，在一种亲切友好的关系中深度开放自己，让咨询师能够进入其内心世界，探寻问题的内在原因，发现问题的根源，并做价值澄清。

2. 价值澄清

分析性价值干预的第二步是价值澄清。价值澄清主要是对学生问题背后的原因进行分析，特别是对有深度价值冲突的学生，更是要找出所存在的价值混乱与价值冲突的深层原因。价值澄清在认识主义学派的团体心理辅导方法中有较多的表现。如在埃利斯的合理情绪疗法中，咨询师帮助学生分析和区分什么是理性与非理性的信念，发现和认清自身存在的不合理信念，就是一个价值澄清的过程。在这个过程中，让学生明白和接纳自己存在有不合理信念，并且是这些不合理信念导致了他的情绪与行为等问题的产生。只有在价值澄清的基础上，才会有进一步的不合理信念的转变。在贝克的认知疗法中，价值观属于最内层的核心信念层面，它最终决定着人们对事物的评价，成为支配人们行为的准则。由于核心信念处于潜意识状态，不容易为人所觉察和发现，更难以辨别。但核心信念又常常会以图式方式表现在自动思维之中。因此，价值澄清可以从识别自动思维入手，去发现其认识歪曲，最后寻找其背后的价值观的原因与冲突。在精神分析中，价值澄清更是直接通过自由联想、催眠、释梦等方法深入学生的潜意识层面，发现其深层的价值冲突，并将其意识化，以解决症状问题。

第四节　团体心理辅导方案评估

高校团体心理辅导评估是指通过不同的方法，搜集有关团体目标达成的程度、成员在团体内的表现、团体特征、成员对团体活动的满意程度等资料，来帮助团体领导者及团体成员了解团体心理辅导的成效。

一、明确高校团体心理辅导评估的定义

目前，高校团体心理辅导评估还没有明确的定义。但是只有明确了高校团体心理辅导评估的定义，了解其内涵、外延和定位才能提高高校团体心理辅导评估效能。

高校团体心理辅导评估的内涵。根据国家相关部门对高校团体心理辅导设置的工作标准，运用科学的评估手段对高校团体心理辅导活动进行价值判断的过程。

高校团体心理辅导评估的外延。高校团体心理辅导评估的过程是要收集评估对象的真实信息，并且运用科学有效的技术手段对信息进行加工与处理。对高校团体心理辅导进行评估不仅要对团体心理辅导活动的显性效果进行价值判断，检查计划目标的达成度是多少，也要对团体心理辅导活动的隐性效果进行价值判断，因为在团体心理辅导过程中也有许多不确定性的因素，随时可能要面对突发的事件，所以对团体心理辅导的评估不能忽略对潜在价值的判断。

高校团体心理辅导评估的工作定位。高校团体心理辅导评估工作涉及整个动态的团体心理辅导活动过程中，评估对象是否发生了有益变化，评估过程是否顺利、有无需要改进的地方，评估结果是否达到了预计目标等。高校团体心理辅导评估工作的目的在于，保证团体心理辅导活动能正常、有序地进行，最终目标是促进高校学生身心健康发展。因此，高校团体心理辅导评估是以促进高校团体心理辅导的建设为重要任务，评估高校团体心理辅导当下的发展与达标情况为主要任务的一项监督活动。

二、确定高校团体心理辅导评估的对象

在进行评估工作的时候，最为关键的事情是确定评估的“事物”是什么，即确定评估的对象是什么。只有确定了评估的对象，才能确定该收集什么样的信息，以及如何对收集到的信息进行分析，帮助评估者澄清并解决评估中利益相关者以及其他可能受评估影响的人们中间存在的价值冲突和潜在的威胁问题。因此，确定评估的对象能提高评估工作效能。

高校团体心理辅导的评估对象可以概括为对人的评估和对教育工作的评估两个方面。首先，对人的评估，包括对学生个体的评估，评估学生的心理健康水平和对心理健康知识的掌握；对教师的评估，评估教师的工作资历、业务水平，课堂教学效果以及团体心理辅导工作的情况；对从事团体心理辅导相关的行政工作人员和领导干部的评估，评估他们对

团体心理辅导工作的统筹规划、组织管理和监督情况。其次，对团体心理辅导工作的评估，包括对团体心理辅导的方案和计划的评估；对团体心理辅导课程的评估；对团体心理辅导教材的评估；对团体心理辅导工作所需的硬件的评估。相关评估部门通过确定高校团体心理辅导评估的具体对象，设置评估过程中的注意事项，以此来规避评估中可能存在的影响评估效度的因素，达到提高高校团体心理辅导评估效度的目的。

三、明确高校团体心理辅导评估的委托对象

高校团体心理辅导评估工作会因为委托对象的不同，评估的标准、内容和意义也不同。因此，明确高校团体心理辅导评估的委托对象，能提高高校团体心理辅导评估的效能。

当委托对象为教育部教思政厅时，它所制定的教育评估标准需要考虑的是全国各个高校的团体心理辅导情况。我国的高校发展情况跟我国经济发展情况一样处于发展不平衡状态，因此教育部教思政厅在整合了各地的情况后制定出最低评估标准，根本目的是监督和保障高校团体心理辅导的开展。

当委托对象是省级教思政部门时，它会在教育部教思政厅制定的评估标准的基础上，根据收集整理本省各个高校团体心理辅导的基本信息和发展现状，重新制定适应本省的实际情况的评估标准，根本目的不仅仅是达到教育部教思政厅的基本标准，更重视对高校团体心理辅导发展的促进作用，因此，一般省级的标准在国家级的标准之上。

当委托对象是高校自身时，高校的评估标准更加细致，同时把对团体心理辅导的评估纳入同其他课程一样的评估体系中，希望通过对本校团体心理辅导的评估，来提高团体心理辅导的整体发展水平。综上所述，当高校团体心理辅导的委托对象不同的时候，评估的标准、内容和意义也会发生变化。

四、制定全国高校团体心理辅导评估指标体系

制定全国高校团体心理辅导评估指标体系是提高高校团体心理辅导评估效能的关键条件之一。上述分析的地区评估指标体系，都是本地区的相关部门自行根据对高校团体心理辅导理解和重视的内容而设定的地方性评估指标体系。这样地方性的评估指标体系，固然不影响它们对本地区内各高校团体心理辅导工作的评价与比较。但是，从全国范围看，由于各个地区使用不同的高校心理健康评估指标体系，即使有了对各个高校的评估结果，也无法准确地对不同地区、不同高校的团体心理辅导进行比较，不利于全国高校团体心理辅导评估工作的开展，更不利于教育部的相关部门及时了解现状制定相关政策，促进我国高校团体心理辅导的发展。因此，制定全国高校团体心理辅导评估指标体系，使各级指标、内容和权重有了基本的规定。地方相关部门以全国的指标体系为基准，为制定本地区的评估指标体系提供了标准与方向。这样，各个地区的高校团体心理辅导评估的结果有了纵向比较的依据，充分发挥了高校团体心理辅导评估的效能，更有利于各地区高校互相学习团体心理辅导的经验，推动全国高校团体心理辅导的发展。

五、制定高校团体心理辅导评估的实施标准

高校团体心理辅导评估实施过程的标准化，有利于使评估工作规范化，从而提高高校团体心理辅导评估的效能。就目前情况来看，仅有广东省和江西省提到了如何实施高校团体心理辅导评估，以及在评估实施过程中需要注意的一些事项，但并没有相对规范的要求，如有些省规定的检查评估时间为17个工作日，还有一些省的检查评估时间为6个工作日。因为没有既定的评估实施标准，评估的实施过程无章可依，降低了高校团体心理辅导评估工作的效能。这不是某些地区的个别现象，而是目前普遍存在的事实。实际上可以从几个方面来制定高校团体心理辅导评估的实施标准：一是进行评估前的准备工作标准，包括评估小组的构成标准、评估小组成员的选拔与培训标准、评估工具的选择标准等；二是评估工作进行中的工作标准，包括资料和信息收集的标准、评估时间的标准、评估小组与被评估对象的工作关系标准等；三是评估后期的工作标准，包括处理评估信息的工作标准、得出评估结果的工作标准、发表评估结果的工作标准以及对评估工作进行反思与总结的标准等。

六、制定高校团体心理辅导评估者的选拔标准

高校团体心理辅导评估工作具有很强的专业性。因此，对高校团体心理辅导评估者的选择是高校团体心理辅导评估过程中一个非常重要的环节，一旦评估者出现了问题，则可能影响评估过程的各个环节，从而降低评估工作的效能。

对高校团体心理辅导评估者的选拔可以从以下几个方面进行：第一，作为高校团体心理辅导的评估者应该具备系统的团体心理辅导的知识；第二，因为是针对高校的团体心理辅导进行评估，因此，评估者也应该对高校工作有所了解，包括行政体系和教学体系等；第三，具有专业的评估理论知识、统计知识，能对评估数据进行科学分析；第四，熟知国家有关高校团体心理辅导的政策性文件；第五，具有良好的沟通能力。这里所说的评估者并不是指个体，而是指一个评估团队。因此，上述五点是对整个团队的选拔标准，并不是需要评估团队中的每个人都达到所有的要求。但是在组成评估团队时要考虑上述五点，使团队在整体上达到这五个要求，然后再针对个人的特长对评估工作进行细致分工，例如，善于沟通的团队成员可以负责访谈，善于统计分析的团队成员可以负责后期的统计分析工作等。

七、重视高校团体心理辅导评估中的过程评估

过程评估是针对活动的实施过程来进行的评估。对高校团体心理辅导进行过程评估可以为高校团体心理辅导评估的决策者提供团体心理辅导的实时信息，用于及时发现高校团体心理辅导评估计划和实施过程中可能存在的问题，并予以改正。因此，重视过程评估，可以使高校团体心理辅导评估更加完善，效能更高。关注并重视过程评估是提高高校团体心理辅导评估效能的有效途径。

八、保证高校团体心理辅导评估信息的客观性

高校团体心理辅导评估信息是否客观，直接关系到其评估结果的有效性。因此，保证高校团体心理辅导评估信息的客观性，有助于提高评估工作的效能。目前仅有广东省在教育评估工作要求的注意事项中提到评估者与被评估者的工作关系，评估者不得接受被评估者的礼金、纪念品，被评估者接待评估者应热情适度、文明节俭；评估过程应客观、公正、实事求是等。

如何保证评估信息的真实、客观？首先，调查者可以出自第三方，既不属于评估单位也不属于被评估单位，与它们不存在相关性和利益关系，并且不知道评估的目标，仅就事实做记录。其次，选择不定期调查，防止被评估单位由于预先知晓调查者何时到来，而事先做“准备”制造不实资料，使调查人员收集到被评估单位想要评估单位看到的“真实信息”。

第三章　大学生心理健康特点分析

第一节　大学生自我意识的特点

“我是谁?”“我跟别人有什么不同?”“我有什么优缺点?”“我要成为什么样的人?”……每个人或多或少都会产生这样的疑问，每个人的回答也不尽相同，其实这些疑问反映的都是人们的自我意识现象。“认识你自己”是古希腊德尔菲庙镌刻的一条著名神谕，可见人们很早就懂得自我意识的重要性。大学生群体逐渐独立于家庭，又面临着如何融入社会，以及未来如何发展的问题。要解决好这些问题，既能被社会所接纳，又能活出自己的精彩，都要求大学生对自我进行更多地探索，逐步确立客观而积极、明确又灵活的自我意识。那么，大学生应该如何认识自我？什么样的自我意识才是正确的？怎样才能避免自我意识的偏差?

一、自我意识及其发展规律

自我意识是人对自己身心状态的意识，以及对自己同客观世界的关系的意识。简言之，自我意识就是一个人对自己各方面的看法、感受和调控。自我意识主要包括生理自我、心理自我和社会自我三个方面的内容：生理自我是指对“我的身材高矮胖瘦、我的身体健康与否”等方面的意识；心理自我是指对“我的能力强弱、我的性格有何特点、我的气质怎样、我的兴趣爱好有哪些”等方面的意识；社会自我是指对“我的身份是什么、我的地位怎样、我的人际关系如何”等方面的意识。

自我意识对每个人的发展都起着至关重要的作用。因为只有正确地认识自己，并以正确的态度来看待自己与外界的关系，人们才能采取正确的行动，才不会迷茫或者盲目。

（一）自我意识越来越重要

虽然自我意识是一个古老的课题，但是它的重要性是随着时代的发展而逐渐彰显出来的。当代社会，自我意识对于每一个人的重要程度，超过以往任何时代。

著名心理学家马斯洛提出的需求层次理论认为人的需求是有不同层次的，包括以下几个层次：一是生理需求，即衣食住行等需求；二是安全需求，即希望自己的生活有保障，不至于动荡不安的需求；三是社交需求，即与他人沟通来往的需求；四是获得尊重的需求，即希望自己受到他人尊重的需求；五是自我实现的需求，即实现自己人生目标和意义的需求。在不同的情况下，这些需求的迫切程度是不一样的，只有当生理需求和安全需求得到满足的前提下，人们才会希望满足其他的需求。当代社会正处在一个物质文明越来越发达的时期，人们的生理需求和安全需求基本上能够得到满足，所以，对于社交、尊重和自我实现的需求较为迫切。这些需求要得到满足，都离不开对于自我的正确认识，因为只有正确认识自我，才能找到志趣相投的交往对象，才能找到符合自己意愿并且能够发挥自己特长的事情去做，从而得到他人的尊重，进而实现自我价值。因此，时代的发展客观上使自我意识对于人们来说越来越重要。

在古代的社会中，森严的等级制度使得人们几乎从一出生就注定了一辈子的命运。在我国古代的士农工商各行业中，子承父业是一种比较普遍的现象。在古代印度，婆罗门、刹帝利、吠舍、首陀罗四大种姓之间的隔离更为极端。在这样的社会中，对于个人来说，他的生活方式、生活目的和意义，社会有比较明确的指引和规定，他的选择余地不大，也就没有必要去思考这些问题了。但是在当下，我国社会各阶层之间流动性较强，社会的包容度也很大。人们只要遵守法律和道德的基本要求，对于“要从事什么职业”“要过什么样的生活”“要成为什么样的人”这一类问题，社会并没有明确的规定和说明，更多要靠自己去寻找答案。而要回答好这些问题，更好地掌控自己的现在和未来，就必须正确地认识自己。所以在当下，探寻自我，学会了解并调节自我意识是人们（特别是年轻人）面临的主要任务之一。

中国有句俗语：“男怕入错行，女怕嫁错郎。”意思是说无论找工作或者结婚，都是一辈子的事情。如果没有选好对象，那很可能一辈子都没办法改变错误了。当代社会，情况有所不同。灵活的就业政策使得更换职业不再可望而不可即，婚姻自由也使离婚变得更为平常。但这些变化又给人们带来了新的困惑。有的年轻人三天两头更换工作，当被问及为什么的时候，他说：“因为我不知道我自己到底要做什么，我发现我对任何工作都不擅长，也都不感兴趣。”还有的年轻人在极短的时间内闪婚又闪离，经历了突如其来的幸福和悲痛之后，却发现自己完全不懂得爱，不懂得和对方相处。在这些问题的背后，自我意识的模糊和错位都是很重要的原因。可供选择的东西多了，不仅给人们带来更多欢乐，也带来了更多烦恼。有人说人生就是不断地选择和不断地后悔。大千世界，纷繁复杂，到底什么是一个人真正的目标和方向？什么样的生活方式才是真正适合自己的？这些问题不光是年轻人需要面对的，也是任何年龄的人们都要面对的。因此，掌握自我意识的相关知识和技能，学会探寻自我、调节自我，其意义不仅在于一时，更在于一世，是我们一辈子的事情。

（二）自我意识的内涵

自我意识是一个内涵丰富的概念。我们已经知道它包括生理自我、心理自我和社会自我三个方面的内容，但是无论是哪个方面的自我意识，都有类似的层次和结构。自我意识可以划分为自我认知、自我体验、自我调节三个层次。

自我认知是指对自己的观察、了解、分析和评价。比如通过镜子去观察自己的外貌；通过交往了解他人对自己的看法；通过反思去分析和评价自己的状态和行为等。

自我体验是指伴随着自我认知而产生的情绪和情感。比如在与他人交往中觉得自己不如别人，往往伴随着自卑和羞愧等感受；反之，则容易出现自信、自豪，甚至自负等感受。可以说，有怎样的自我认知，就会有怎样的自我体验。

自我调节是指在自我认知和自我体验的基础上，对自己的言行、思想和观念等进行调节和控制，比如对自己的不当言行进行检查和监控，改变自己的言行，使其符合要求，达到更理想的状态等。

这三个层次中，自我认知是基础，是自我体验和自我调节的前提，也就是说要先了解自己、评价自己，才会产生相应的情绪和情感，也才有可能根据自己的情况去调整自己的言行、思想和观念。

自我体验会伴随着自我认知而出现，并且二者之间会相互影响。比如：某学生的学习成绩有了很大的提高，他通过反思发现主要原因是自己刻苦努力，他会出现自信、自尊等情绪，但如果发现原因只是考试题目过于简单，则他就不会产生类似的情绪。这就是自我认知影响自我体验。反过来，也存在自我体验影响自我认知的现象。比如，某学生一直以来都成绩不佳，也比较自卑，这一次突然考试成绩很好，他却总是觉得是题目太简单了，或者是自己运气好，根本不去想是不是自己的能力有提高。

在自我认知和自我体验的基础上，人们会对自我进行调节，这种调节主要包括自我推动和自我限制。比如当某学生通过自我认知觉得自己人际交往能力不佳，并且伴随着负面的体验，迫切希望改善时，就可能会采取一些措施来限制自己不利于交往的行为，比如退缩、胆怯等，并且推动自己去学习一些人际交往的知识和技能。

（三）自我意识的发展过程

自我意识不是与生俱来的，而是随着年龄的增长而不断发展变化的。一个人出生时，自我意识基本上处于空白的状态。在与外界环境的不断交流与互动中，逐渐产生了对自己的了解和认识，有了最初的自我意识。在此基础上，随着我们活动范围的扩大、与外界环境互动的增加，对自己的了解越来越深刻、越来越丰富，自我意识不断发展，最终将达到一个比较完整且相对稳定的状态。

自我意识发展的第一个关键环节是把自我和外界区分开来，认识到自己和周围环境不是一体的，自己是独立于世界的存在。在婴儿时代，人们通过观察和感知这个世界，发现有些东西不会消失，而是一直在自己的身边，并且自己能够控制和感受，比如自己的手、脚等。通过不断的尝试，个人会逐渐从周围分离出属于自己的部分，并且把这些部分命名为“我”。

随着年龄的增长，自我意识发展迅速。童年时代，人的自我意识逐渐丰富，不过大多还局限于对自身外部特征的认识和了解，缺乏对内心世界的认识。身为学生，个人大多时候是直接从父母、老师、同伴等得到关于自己的认识和评价，较少通过自己主动反思。

少年时代是自我意识发展的又一个关键期。每个人开始越来越关注自己的内心，学会了反思自己、评价自己，对自己的气质、性格等人格特征有了初步认识。但由于当时的个体身为学生还很稚嫩看待事物还不够全面，不能很好地从各个角度去考虑，所以年轻的个体自我意识还不够深刻、不够稳定。容易出现一下子自我感觉特别好，一下子又感到非常沮丧失落的极端现象。感觉自己已经长大，但很多时候又显露出幼稚的一面，使自我的内心充满了矛盾。

青年期是自我意识逐渐成熟的阶段。人们开始脱离对于父母的依赖，尝试自食其力，对社会有了更多接触。个体开始思考自己人生的意义，我们开始思考怎样做人，怎样处事，人们开始思考自己的过去、现在和未来。在不断的实践和思考中，对自我进行深入的探索，人们把所有对自我的了解和认识进行梳理和整合，逐渐形成了一个对自我的全面、深刻、完整而清晰的描绘。

二、大学生自我意识的发展状况

当新入学的大学生们带着行李从四面八方来到大学的时候，他们将要独自面对陌生的老师、同学和室友；与以往不同的学习方式；丰富多彩的校园活动；更多融入社会的机会……最重要的是，很多时候要自己决定做什么，决定怎样去做，并为之付出代价。进入大学时，没有太多的差别，但是毕业后会发现，个体与个体彼此间会有许多差异，并且每个人都将带着这些差异去不同的地方，走上不同的工作岗位，演绎出多姿多彩的人生……是的，大学是一个发现自我的地方，是一个走向独立的地方，在这里，一个人的自我意识会经历许多矛盾、迷茫和危机。如果一个人能够顺利地克服这些困难，就能更从容地面对人生、面对社会、面对未来。

（一）大学生自我意识发展的特点

大学时代正处于青年初期，是自我意识走向成熟、完整和稳定的关键时期。美国心理学家埃里克森认为：在自我意识的发展过程中，这一时期要面临的主要问题是自我意识的确定和自我角色的形成。在这一时期，较为理想的自我意识发展体现在两个方面：首先是社会与个人的统一，即人们能够找到一个恰当的方式融入这个社会，个人的思想观念和行为能够被社会所接纳，同时自我的个性又能不被磨灭；人们能够从事一个被社会认同的职业，扮演好社会要求我们扮演的角色，同时又能在生活中发现自己的兴趣和价值。其次是过去的我、现在的我与未来的我要统一，即人们能客观地看待过去的成长经历，积极地面对以往的成功和失败，总结经验和教训；同时又能积极地放眼未来，描绘个人的人生理想。最重要的是，要能够珍惜现在，总结利用好过去的经验和教训，不断完善自己，脚踏实地地朝着自己描绘的人生理想不断进步。

但是自我意识要达到上述理想状态是非常困难的，现实生活中，大学生的自我意识常表现出以下几种特点：

1. 独立意识强烈，自立能力落后

大多数大学生都有强烈的独立意识，因为自己已经成人，迫切希望能够处理好自己的事情，无论是学习、生活、社交等各方面都希望自己做主。但是部分学生由于家长相对溺爱，以往的成长过程没有得到充分的锻炼，因此他们还缺乏独立的能力，在很多事情上还不能自立。所以部分大学生存在独立意识强烈，但实际能力落后的矛盾，短时间内难以适

应独立生活。个别大学生甚至出现声称要独立自主，却处处依赖父母的现象。

2. 理想很丰满，现实很骨感

面对有无限可能的未来，许多大学生都有自己的梦想和规划。“在高中时代，我们把梦想压在心底，准备到大学后再让梦想好好绽放。但是到了大学才发现，原来现实是残酷的，梦想不是那么好实现的，我们要做的、要学的东西太多太多，感觉没办法下手，怎么办?”这是许多大学生心理的真实写照。面对这样的难题，有的大学生能静下心来，把梦想悄悄地收藏起来，踏踏实实地学习、实践，增强自己的能力，一步一步地做好实现梦想的所有准备；也有的大学生泪奔了，失望了，对梦想失去了兴趣，逐渐丧失了人生的目标，过上了浑浑噩噩的日子；还有的大学生过上了凌乱的生活，参加太多的社团，做太多兼职，每天奔波忙碌，但是最后停下来的时候，才发现什么都不是自己真正想做的，自己的梦想究竟是什么？陷入了深深的迷茫……

3. 自我感觉与实际情况错位

我们对自己的感觉经常会跟自己的实际情况有差异，这是正常现象。但是如果这种差异太大，跟实际情况完全不同，则会出现自我感觉错位的现象：有时是把自己看得太高了，盲目自信，脱离实际，出现自我感觉良好，实际情况糟糕的情况；有时又是把自己看得太低了，过于自卑，只看到自己的不足，甚至会有人生无望或破罐破摔的心态。大学生在追求自我独立的过程中，对于自我意识还缺乏较为全面深刻的理解，常常会产生这样的错位情况。

4. 渴望交往却又自我封闭

离开生活多年的地方来到大学，告别昔日的同学朋友，远离亲人，大学生入学时往往会陷入孤独寂寞。因此，渴望交往，希望建立友谊是大多数同学共同的心声。有的同学能够敞开心扉，主动和他人交往，建立新的友谊，和伙伴们共同学习、生活。但是有的同学却因为种种原因把自己封闭起来，不愿积极主动地结交新朋友，甚至不能接纳他人的主动接近，他们只能和以前的朋友联系，但是因为空间的阻隔，一些过去的朋友由于缺乏交集，难免走向生疏。既不能结交新朋友，旧友谊又难以为继，部分大学生日渐孤独寂寞愁，由此引发的问题也越来越多……

（二）大学生常见的自我意识偏差

自我意识偏差是指个人不能正确地认识和评价自我，不能站在正确的角度看待自己，从而出现内心的自我感受与客观现实自我不一致的现象。这就像戴着一副不适合的眼镜来看待自己、看待自己和周围的关系，你看到的将是不真实的东西。如果戴着这样的眼镜去走路，容易磕磕碰碰，甚至给自己带来危险。严重的自我意识偏差可能带来更多的挫折，引发不必要的负面情绪，导致人际交往困难、生活适应困难，影响心理健康。

大学生是比较容易产生自我意识偏差的群体。因为许多大学生刚开始独自生活，刚开始以相对独立的视角来看待自己，还不能很客观地看待自我。在上大学之前，我们中的许多人不仅在物质上依赖父母，在看问题时也很依赖父母，对于如何看待自己，父母的意见也深深地影响和左右着我们。到了大学，我们就像是刚刚脱离父母拉着我们的手，要自己去看方向，要自己去走路，难免会有些磕磕绊绊，甚至是走错方向。

大学生既要认识到自我意识产生偏差是情有可原的、难以避免的，又要认识到如果自我意识偏差过于严重或不断发展，将导致严重的后果。在此基础上，个人要认真学习不同的自我意识偏差现象，争取在生活中能主动发现自己的自我意识偏差，并有意识地加强自我调控，或者适时地寻求心理援助。这样他们就能平稳、顺利地度过大学时代，并且能够确立较为理想的自我意识，为以后的发展奠定坚实的基础。

大学生常见的自我意识偏差有以下几种：

1. 过度自我拒绝

自我拒绝是指对自己的缺点和错误不能容忍、不能接受的一种心理现象。自我拒绝是一种正常的现象，因为现实中的自己永远无法达到我们心目中那个理想自我的境界，肯定会有一些不足的地方。适度的自我拒绝对人的自我意识的形成是有好处的，它能让人们意识到自己还有许多不足的地方，可以引导和督促人们不断完善自己，提升自己的能力和境界，避免自我感觉过于良好，不求上进。

但是过度的自我拒绝则是一种自我意识偏差，它表现为不符合实际地把自己的各个方面都看得很低，认为自己一无是处，是一种对自我的全面否定和过分拒绝。过度自我拒绝容易导致看不到自己的价值，缺少自信\ 自我厌恶。当机会来临的时候不敢去争取，当遭遇失败的时候会过度自责，在人际交往方面易引发自我封闭，从而引发各种心理问题。

2. 过度自我接受

自我接受的含义与自我拒绝正好相反，是指个人对自己的才能、优点和长处等抱着肯定和认可的态度，对自己的缺点和不足也能客观看待、坦然接受。自我接受是心理健康的重要表现之一，它能够帮助人们保持对自己、对人生的信心，使人们能够感受到生活的幸福和美好。当人遭遇挫折时，自我接受能使人客观地看待失败和错误，保持积极的态度，不被挫折击垮。

但是过度的自我接受则是一种自我意识偏差，表现为过高地看待自己，认为自己什么都好，什么都强，甚至把自己的缺点当作优点，把自己的错误看作成就。过度的自我接受容易导致个人完全满足自己的现状，无视自己的缺点和不足，缺乏危机感，不思进取。也可能导致过分看重自己，高估自己的能力，去做一些自己根本做不到的事情，结果往往导致失败。经历过多次这样的失败后，要么变得看不起自己，走向另一个极端；要么把责任推给他人和社会，怨天尤人、心怀怨恨。总之，过度自我接受也易引发各种心理问题。

3. 自我中心

自我中心是指待人处事都以自己为中心，不能站在他人的角度客观地看待问题。在生活中一般表现为：认为他人必须无条件满足自己的要求，不能换位思考，不懂得尊重他人。自我中心容易导致不理解他人、不尊重他人，过度自恋，甚至不惜贬低他人来满足自己的自尊心；在取得成绩的时候认为都是自己的功劳，在遭遇失败时认为都是别人的过错；不能关心他人，只注重自己的得失，不考虑别人的感受。

自我中心对人际交往会有很严重的阻碍，极易导致人际冲突和矛盾，难以建立正常的人际关系，常常导致疏离他人、自我封闭。在学校中表现为不合群，孤僻，毕业后走向社会，常常会和同事、领导搞不好关系，难以维持工作的稳定与和谐，难以适应社会。

4. 过分追求完美

追求完美是促使人不断超越的良好心态。但是过分追求完美则是自我意识偏差的一种表现，是指不顾客观实际地苛求自己在各个方面都表现完美，不能容忍自己情有可原、不可避免的失误和不足。

过分追求完美的大学生，典型的表现是参加众多的社团活动，在多个学生组织工作，同时还要报名参加许多比赛，再加上学习、做兼职，生活每天都像在战斗一样。短时间内会觉得很充实，很有干劲，但时间稍长，就会觉得精力不足，疲于在各种任务中奔命，东弄一下，西弄一下，什么都想做好，但什么都做不好。有的大学生对某件事情表现出异乎寻常的执着，容不得一点点瑕疵，总是强迫自己不断重复去做某一件事情，甚至为了这件事情影响了正常生活。还有的大学生不仅对自己要求过于严苛，同时也过分要求他人追求完美。过分追求完美容易给自己和周围人带来巨大的压力，在这种压力下时间久了，就会对自己和他人产生怀疑，产生急躁、低落的情绪，不利于人际关系和谐，严重影响身心健康。

三、大学生自我意识的调适与完善

自我意识的发展过程中，出现一定的偏差是正常的现象，关键在于如何去发现自己的自我意识出现了偏差，并且如何对偏差进行有效调适，使自我意识回到正确的轨道上来。那要怎样才能做好自我意识的调适呢？总的原则有三个：一是不断学习，提高自己的文化知识水平。《礼记》中说："学然后知不足。"只有通过不断的学习，才能够发现自己的不足之处，否则就会像明清时期的一些人一样，在世界进步的洪流中沉醉于过去的辉煌，依然自以为天朝上国，视其他国家为夷狄，丝毫觉察不到自己已经被远远地落在了后面。二是加强交往，多和他人交流沟通。《旧唐书·魏徵传》中说："以人为镜可以明得失。"很多时候我们要发现自己的不足之处是很难的，但是通过别人来了解自己却很容易，因此我们要多和别人交往。"当局者迷，旁观者清"，一个人需要正确看待他人提出的意见，就算是反对自己的意见，也要认真思考，采纳其中合理的部分。三是勇于实践，在实践中发现自己的长处和短处，在实践中历练自己。俗话说："不经一事，不长一智。"实践能告诉人们许多书本上学不到的东西，实践也能让人检验自己的自我意识是否正确，关键是在实践的过程中要不断地总结自己。

（一）大学生自我意识的理想状态

要对自我意识进行调适，首先要明白什么样的自我意识才是理想状态，然后才能找准调适的方向和目标，才能做到"有的放矢"。每个人的自我意识千差万别，良好的自我意识并不是一模一样的，但是可以发现，有一些特点是良好的自我意识所共同具备的，在自我意识调适中，朝着这些方面努力，就会逐渐接近自我意识的理想状态。

1. 自我意识要客观

自我意识要跟自己的客观实际相符合，避免出现自己各方面都还不错，却认为自己一无是处，或者自己有不少缺点和不足，却总觉得自己哪哪都好、高人一等的现象。

2. 自我意识要全面

自我意识包括生理自我、心理自我及社会三个方面，一个完整的自我意识必须对各个方面都有思考、有认识，才能从各个角度全面地了解自己，避免以偏概全。

3. 自我意识要明确

对自己的认识要力求清楚、明晰，对自己的能力有多强、素质有多高，要尽量明确，不能只是“我应该还可以吧”“我还行”“我觉得自己不好”等含糊的认识。要弄清楚自己哪些方面强，强到什么程度；哪些方面弱，又弱到什么程度。

4. 自我意识要协调

自我意识包括自我认识、自我体验和自我调节三个层次，这三个层次要协调一致。如果自我感觉学习能力不强，感到有些焦虑，就要想办法提高学习能力，而不能坐以待毙、浪费时间，或者只依靠放松、玩乐来放松心情，这样解决不了问题。

5. 自我意识要积极

自我意识不只是自我批判，也是自我赞美，不要只看到自己的缺点和不足，而要同时看到自己的优缺点、长短处。在此基础上，要对自己的未来充满信心、充满希望，因为缺点可以去改正，不足之处可以去弥补。展望未来、规划未来的同时，要利用好现在的时间，抓住一切可能的机会，踏踏实实地去实践，一步一步去完善自我、提升自我。最后，不要忘了生活是美好的，有时候不要太过执着于自我，放眼周围，能看到很多美好的事物。

（二）大学生自我意识完善的途径

要完善人的自我意识，除了要了解什么才是自我意识的理想状态，知道努力的目标，还要找到正确的途径。各种途径都有其优劣，要综合各种途径，多管齐下，才能多方面了解自我、完善自我。

1. 认识自我的途径

客观全面地认识自我是自我意识完善的基础，认识自我的途径主要有以下几种：

（1）通过反思认识自我。

反思是对自己的言行举止、思想观念进行思考和评价。反思是认识自我的基本途径，如果一个人不懂得反思，就不知道自己说话做事正确与否，也不清楚自己有什么需要改进之处。在反思的过程中要学会全面地、辩证地看待自己，不能以偏概全。

（2）通过与他人比较认识自我。

他人是一面镜子，与他人比较能帮助人们对自己进行定位，看清自己的地位和实力。在同他人进行比较的时候，要注意三点：一是比较的对象要有选择性，要选择那些与自己实际情况相类似的人，因为他们的经验和教训会比较有参考意义；二是比较的内容应是自己可以去改变的东西，比如努力的程度、思维方式、学习成绩等，而不要去比较那些自己根本改变不了的东西，比如家庭条件、身高长相等，否则只能越比越没自信，或者越比越自负。三是比较的过程中要保持客观，不能只是“以自己之长比别人之短”，也不能只是“以自己之短比别人之长”，因为客观现实中没有完美无缺的人，自己如此，他人也是如此。

（3）通过他人的评价认识自我。

自己评价自己多少带有主观性，因此他人的评价就更值得重视，但是不要只听一人一时的意见。如果不同的人在不同的时间对我们都有比较一致的评价，那就要认真反思，可能大家的意见的确是正确的。再有，对一些重要的人提出的意见也要比较重视，比如父母、老师等，对他们的意见也要多加考虑。

（4）通过与自己比较认识自我。

以前的我和现在的我是不一样的，跟自己的过去比较，能够反映自己取得了哪些进步，又有哪些地方变差了。现在的我和理想的我也是不一样的，跟理想的我比较，能够知道自己在哪些方面还有差距，还需要改进。

（5）通过实践的过程和结果认识自我。

实践出真知，通过实践，一个人能够真真切切地感受到自己的能力如何，自己考虑问题是否成熟周到，自己在压力和困难面前是否坚强等。所以大学生要抓紧在校期间的机会，多方面去尝试、去实践，同时多作反思。

2. 悦纳自我的途径

悦纳自我就是要保持阳光的心态，无论自己有多失败，有多不如意，都要相信通过努力可以改善自己；同时无论自己有多成功，有多值得骄傲，都要明白山外有山、人外有人，自己还有不足，还有上升的空间。悦纳自我是发展自我、完善自我的强大动力，只有悦纳自我的人，才能完善自我意识，保持心理健康。

（1）接纳自己的优缺点。

在身体自我、心理自我、社会自我各方面都要接受自己，无论是自己的性别、长相、身高，还是自己的性格、气质，抑或是自己的家庭、社会关系、经济状况。因为这些东西，有的是自己无法改变、不能选择的，不接纳只会产生无穷的烦恼；有的可以自己去完善、去改进，在接纳自己的基础上去改进自己，可以体现自己的人生价值。每个人都是独一无二的，都有他人无法替代的存在价值，我们要把这些潜在的价值挖掘出来

（2）允许自己犯错误。

智者千虑，必有一失，何况大多数人都还不是智者。所以当一个人犯错误的时候，要正确地面对，不应该过于紧张和焦虑，也不应该毫不在意、不闻不问，而应该勇于承认错

误，知错就改，认真反思自己为什么会犯错误，总结教训，争取下次不要再犯。

（3）正确看待成败得失。

做事情的成败一方面能够在一定程度上反映个人的能力、素质等，另一方面，又不能只以成败论英雄。因为影响成败的因素很多，比如能力、努力程度、任务的难度、客观条件、运气等。因此在面对成败时，要认真思考，究竟是什么因素导致的成败，如果主要是因为自己的能力、努力等，就要吸取经验教训；如果主要是因为任务难度、客观条件、运气等，则大可“胜不必喜、败不必悲”。

3. 调控自我的途径

（1）设置合理的调控目标。

在正确认识自我、积极悦纳自我的基础上，应该根据个人自己的实际情况设置合理的调控目标，比如自己的身体不够强壮，我们就要调整作息，安排一定的体育运动；发现自己某方面的能力不足，就要多了解这方面的资料，多跟这方面有特长的同学请教。合理的目标应该是在个人自己现有基础上有一定提高，不要遥不可及，也不要过于轻松。

（2）培养自己的自控能力。

许多人有理想、有目标，但是却不能实现，自控能力不足是很重要的一个原因。“胸怀万丈，躺在床上”是很多大学生的真实写照，许多大学生有远大的理想，却不抓紧时间踏踏实实地为梦想努力，而是一有困难或挫折就放弃、退缩，所以有梦想的人多，梦想成真的人少。因此，要想办法提高自控能力，培养意志品质。

（三）大学生自我意识调适的具体方法

除了要掌握自我意识完善的途径，当自我意识出现偏差时，还要懂得一些具体的方法，有针对性地进行调适，才能更有效地纠正这些偏差。

1. 过度自我拒绝的调适方法

（1）发现优点，接受缺点。

“上帝为我关上一扇门，也会给我打开一扇窗。”当发现自己不具备某种优点的时候，不要纠结于它，找一找有没有其他的优点，或者询问他人，也许自己也有着别人没有的优点。对于缺点，不要一味拒绝，试着接受，能改变的试着改变，不能改变的就淡然处之，谁都有无奈的事情。

（2）学会积极看待事情。

“失败是成功之母。”凡事都有两面性，就算是失败，也能让人更好地看清自己，找出改进的方向。就算是贫穷，也能激发人的忧患意识和拼搏精神。

（3）积极自我暗示。

心理学研究证实：积极的自我暗示易导致积极的行为，易产生积极的结果。相反，消极的自我暗示易导致消极的行为，易产生消极的结果。所以在面对困难和挑战的时候，要暗示自己“我能行”。在面对失败的时候，要暗示自己“没关系，下次我会做好的”。

（4）尝试体验成功。

首先，根据自己的情况设置合理的目标，要求不要太高，应该是经过一定努力可以取得的成功。就算是一点点成功，也能给人以信心。然后在此基础上一点一点突破，这样信心就能一点一点地积累起来。关键是不要退缩、不要逃避，踏踏实实地去行动。

（5）改变言行举止。

得体的言行举止能够带来自信的感觉，比如走路挺胸抬头，步伐或轻快或稳健，目光坚定、正视他人，勇于表达自己等。照此改变自己的言行举止，时间长了，也会变得自信一些。

2. 过度自我接受的调适方法

（1）正确看待自己的优点。

有优点是好事，但是许多优点不是一劳永逸的，成绩只能说明过去，不继续学习就会落后，资本如果不经营就会贬值。所以要有危机感，否则优点变成缺点了自己还不知道。

（2）欣赏他人长处。

不要做孤芳自赏的花朵，要懂得欣赏他人的优点和精彩，适当地表达赞美，“以人之长，补己之短”。

（3）接受他人的合理意见。

一个人是很难发现自己的缺点的，多倾听别人的意见，就能发现不足之处。认真对待他人意见，如果是合理的，就要接受，对自己不足的地方，要敢于承认、虚心改正。

3. 以自我为中心的调适方法

（1）学会尊重他人。

树立平等观念，不要“唯我独尊”，学会尊重他人，才能够得到他人的尊重。

（2）换位思考。

试着站在对方的角度考虑问题，体会他人的感受，待人处事时要懂得互利共赢，将心比心。

（3）勇于承担责任。

当遇到困难和矛盾时，如果确实有属于自己的责任，一定不要推给别人，而要勇于承担。这样才能成为一个有担当的人。

4. 过分追求完美的调适方法

（1）追求完美，但不苛求完美。

人不可能十全十美，一个人追求完美，但实际上很多事情是无法控制，如果苛求完美就是偏执了。

（2）注意细节，但不纠结细节。

待人处事时要注意细节，但过于纠结细节就会忽略整体，所以要有整体观念，不要在某一细节上过分追求完美，而忽略了其他方面。要避免“得了芝麻，丢了西瓜”。

（3）学会适当宽容。

宽容能减轻压力，当压力太大时，不妨宽容一下自己，适度放松。当对别人要求过于严苛，使别人压力过大时，不妨宽容他人。

第二节　大学生人格发展特点

“有的人活着，他已经死了；有的人死了，他还活着……”它描写的前一种人如行尸走肉，毫无价值；而后一种人虽死犹生，精神长存。这恰恰体现了人格的巨大差异：有的人人格境界很低，为人厌恶和唾弃；而有的人人格境界很高，被大家仰慕和赞扬。当下，社会持续发展，竞争持续激烈，人才之间的竞争，不仅是专业素养的竞争，更是健全人格的竞争。大学阶段正是每个人人格发展、走向成熟的重要阶段。面临着社会身份的巨大转变、文化与价值取向的多元化，大学生的人格发展常出现矛盾、迷茫和冲突，部分同学甚至存在着一定程度的人格缺陷。

一、人格及其影响因素

人格是一个含义丰富的词，可以指人的道德品质，也可以指人的尊严或价值，但在心理学中，人格是指人所具有的比较稳定的心理特征的总和，包括思维特征、情绪情感特征、能力特征、气质特征、性格特征、行为特征等。简单来说，人格就是一个人独特的生活模式。

人格具有整体性，是一个人思维、情感、意志和行为特点的有机统一。美国著名社会心理学家马斯洛说：“态度改变，习惯就跟着改变；习惯改变，性格就跟着改变；性格改变，人生就跟着改变。”这正好反映了人格的整体性。人格也具有独特性，每个人在内心或外部特征上总有或多或少的差异，因此世界上不存在完全相同的两个人格。人格还具有稳定性，因为人格不是一朝一夕形成的，而是在遗传、社会环境及教育等因素的综合影响下，经历时间和事件逐渐养成的，所以它也不会轻易改变。此外，人格还具有社会性，说到底人是一种社会性的动物，一个人要成为真正的人，就必须掌握某一社会的道德规范、价值观念、风俗习惯、语言文字等，否则就会像“狼孩”一样，空有人的外表，其本质则是狼，是没有人格可言的。

人格在人生发展中有着广泛而深刻的影响作用。人格能够决定一个人的行为方式、生活习惯、价值理念，甚至能够决定一个人的命运。在困难面前，坚强的人能够咬牙坚持、攻坚克难，懦弱的人只会退缩、不敢面对；在春风得意时，骄傲的人沾沾自喜、得意忘形，谦虚的人能保持清醒、虚怀若谷；当机会来临，勤奋的人夜以继日地向成功进发，懒惰的人游手好闲、错失良机……我们不能学喜鹊和乌鸦，对别人的努力说三道四、冷嘲热讽，我们要像凤凰那样，从日常生活中的点点滴滴做起，修炼人格，在关键时刻敢于面对、勇于付出，绽放人格的光芒。

（一）人格的力量

如果说人生如戏，那么每个人都在这部戏中扮演着不同的角色，而人格就是各自角色最显著的特征。在人生之戏中，给人们留下印象最深刻的，除了那些引人入胜的情节，就要数那一个个令人感动的角色了。在屏幕上和现实生活中，总有一些角色能让我们或者为之怦然心动，或者为之泪流满面，或者为之开心快乐……这是为什么呢？因为人格是有力量的，人格的境界越高，它所拥有的力量就越大。这种力量是看不见、摸不着的，却又是任何现实的力量所不可比拟的。就像臧克家为纪念鲁迅而写的诗中所说："把名字刻入石头的，名字比尸首烂得更早；只要春风吹到的地方，到处是青青的野草。"大学生作为即将踏上人生舞台中央的角色，既要锻炼身体，拥有强健的体魄；也要学习知识和技能，掌握真正的本领。但更重要的是磨砺自己的人格，激发自己人格的力量，努力让自己在人生这场戏中，散发出绚烂的光彩。

当今社会是一个知识爆炸的社会，知识和技能的重要性不言而喻，但是要得到他人的认可和接纳，在社会上、职场中站稳脚跟，还有一样东西更为重要，那就是健全的人格。近年来，有许多高学历、高技能的人才，他们拥有别人羡慕的学识和身份，按说他们应该比别人生活得更幸福，可结果却恰恰相反。这类案例不胜枚举，但总的来看，他们有的在学校就出现问题，有的即使能毕业，也难以和他人和谐相处，难以做好工作，难以融入社会。透过这些事件我们不难发现，他们都存在着人格上的重大缺陷：高学历、高技能的外表下，往往隐藏着他们内心的空虚、懦弱、自私、冷漠、悲观、猜疑……也正因为如此，越来越多的单位在招聘高校毕业生时，首先看重的是人格，用他们的话来说，"人品是第一位的，只要人品好、对工作有兴趣，其他的可以慢慢教！"

时代不断变化，但是人格的力量却一直没有改变，今日的我们，依然能够感受到那些伟人的先辈们历久弥新的人格魅力，他们的信念、准则，以及行事待人的风格，依然能使人感动，有许多甚至已经深深地融入了文化中，影响着每个人。作为新时代的大学生，当然应该努力学习知识和技能，跟上时代的脚步，但也不能忽视对自身人格的培养和磨砺，拥有健全的人格，才能充分有效地发挥自己的才能，使自己和他人生活得更幸福，也更有利于社会的和谐发展。

（二）人格的内涵

人格是指一个人心理特征的总和，是对其内心总的、本质的描述。因此，人格的内涵相当丰富。美国著名的心理学家奥尔波特在 20 世纪 30 年代曾总结前人关于人格研究的成果，概括出了 50 多种关于人格的定义，可见人格是一个极为复杂的概念。人格涉及人的各种心理过程，如认知、思维、行为、动机、意志、情绪等，人格也常通过人际关系、处事风格、态度信仰、价值理念等表现出来。但也不必感到人格难以捉摸，只要掌握了气质和性格这两个人格的主要部分，就能较好地认识和理解人格。

1. 气质

气质是表现在心理活动的强度、速度、灵活性与指向性等方面的一种稳定的心理特征。简言之，气质就是人们常说的“秉性、脾气”。比如说一个人说话做事总是慢慢吞吞，一点也不着急，而另一个人却时时刻刻都是一副急急忙忙、慌慌张张的样子，那么他们就很可能有着不同的气质。

许多研究者对气质进行过分类，其中影响最深远的是古希腊名医希波克拉底提出的“体液学说”，他将人的气质划分为四种类型：多血质、黏液质、胆汁质和抑郁质。多血质的典型表现：外向、处事灵活、反应敏捷、善交际、精力充沛、效率高、兴趣广泛，但易浮躁、轻率、不踏实、缺乏耐力和毅力，典型人物——孙悟空。黏液质的典型表现：内向、沉稳、谨慎、平和、认真、细心、善于忍耐、纪律性强，但易执拗、迟钝、被动、反应缓慢、保守，适应能力差，典型人物——唐僧。胆汁质的典型表现：外向、热情、率直、刚强、果敢、雷厉风行，但易冲动、莽撞、暴躁、倔强、刚愎自用、感情用事，典型人物——张飞。抑郁质的典型表现：极内向、情绪体验深刻、容易感觉到不易觉察的小事物，但较柔弱、敏感、腼腆、行动缓慢，易疲倦、孤僻、犹豫、多疑、缺乏自信，典型人物——林黛玉。我们大多同时具有以上四种气质的特征，只不过每个人可能其中某种气质比较突出，所以我们相互之间能够觉察到气质的差异。

气质在很大程度上是由先天因素决定的，在人生过程中比较稳定，难以改变。气质没有优劣之分，每种气质都有优点，也有缺点，关键是看在什么样的场合与情境，以及我们如何调控。学习和了解气质，有两个方面的意义：一是更好地掌握自己的气质，才能在待人处事时扬长避短。比如知道自己做事莽撞、易冲动，就要有意识地三思而后行；二是更好地了解他人的气质，有助于相互理解，建立和谐的人际关系。比如有人做事总是很缓慢，让人看了心急，那么周围的人就要分析是不是他的气质偏重黏液质或抑郁质，给予一定的包容、理解和帮助，不要一味地指责。

2. 性格

性格是指人在对人、对事的态度和行为方式中较稳定的个性心理特征。简单来说，就是每个人独特的观念、态度和行事风格。我们经常说某人性格开朗、活泼、风风火火，就是说他在观念、态度和行事风格方面的特点。性格与气质主要有三个区别：一是性格主要在后天形成，受成长环境或教育的影响较大；二是性格不像气质那样特别稳定，虽然性格也不易改变，但经过长期培养，是能够转变的；三是性格有优劣之分，我们可以说某人性格好或不好，但不能说某人气质好或不好。

我们知道，气质主要有四种类型，但是性格却千变万化，俗话说“龙生九子，各有不同”，每个人的性格都可以用几十甚至上百个词来描述，因此当比较两个人的性格时，总会有一些差异。性格如此复杂，那我们应该怎样来分析和把握一个人的性格呢？其实一个人的性格特征可以归纳为四个方面：态度特征、理智特征、情绪特征和意志特征。

态度特征主要包括三类：一是对社会、集体和他人的态度，或内向或开朗，或耿直或伪善，或热情或冷酷；二是对学习和工作的态度，或勤奋或懒惰，或认真或马虎；三是对自己的态度，或谦虚或骄傲，或自制或放任，或自信或自卑，或自尊或自贱。

理智特征主要包括三类：一是感知外界时的惯用方法，比如记笔记时，有人习惯一字不漏，完全按照老师说的来记（记录型），也有人喜欢把老师说的理解后用自己的语言来记（解释型）；有人喜欢主动去探究、去观察事物（主动型），也有人宁愿等着老师来灌输知识（被动型）。二是记忆的方式，有人擅长记文章、记画面、记音符，能够一点不差地背下来（形象记忆）；有人却擅长记复杂高深的理论、公式等（逻辑记忆）。三是思维的特征，面对问题，有人更愿意按照自己的想法去独立思考（独立思维），而有人却总是跟着别人的思路跑（依赖思维）。

情绪特征主要包括三类：一是情绪的强度，或不瘟不火或一惊一乍；二是情绪的稳定性，或忽冷忽热或波澜不惊；三是主导的情绪，有人是乐天派，有人是多愁善感，有人常抑郁沉闷。

意志特征主要包括三类：一是行为自控的特征，或自律或散漫，或有的放矢或盲目随意；二是在挫折面前，或持之以恒或半途而废；三是遇到紧急情况时，或勇敢或怯懦，或犹豫或果断，或镇定或惊慌。

分析和了解自己的性格特征，有助于加深对自己的理解，使我们知道自己为什么会这样想、这样做，我们的思想、观念和行为与别人有何不同。在此基础上，一方面可以更充分地发挥自己的性格优势，比如我的形象记忆比较好，那我去学习绘画或音乐，应该会有较好的表现。另一方面，要认识到自己性格的缺陷，并尽可能加以改善，比如我容易骄傲，那当我取得一点进步时就要提醒自己不能得意忘形。

（三）人格的影响因素

是什么造成了一个人现在的人格？哪些因素影响着一个人的人格？当了解自己的人格后，自然会有这样的疑问。心理学研究表明：影响人格的因素众多，但总结起来主要有两个方面：先天因素和后天因素。

1. 先天因素

先天因素包括遗传因素、胚胎发育状况、出生情况等在出生时都已经确定的不可改变的要素。

心理学研究表明：基因携带的遗传信息不仅决定了我们的身体机能和外部特征，而且也决定了我们的一些心理特征，如感知能力的强弱、智力和气质等。

2. 后天因素

后天是指个体出生以后所接受的来自环境的各种影响，主要包括家庭环境、学校教育、社会文化及重大事件等的影响。

家庭是社会的细胞，也是我们每个人生活环境中最基本、影响力最大的小环境，对人的生存和发展起着不可替代的作用。家庭的结构（如双亲或单亲、隔代家庭或核心家庭）、家庭关系（如夫妻关系、亲子关系和兄弟姐妹之间的关系等）、家庭教养方式（民主型、专制型、放纵型或忽视型）以及家庭的经济状况等都对个人的人格有一定的影响作用。

学校教育对人格的发展有深远的影响整个学校的风气、各个班级的氛围以及个人与老师、与同学的关系都会对他的行为习惯、理想、态度和价值观产生作用，从而影响一个人的人格。

社会文化能够通过各种渠道影响人格的形成，无论是家庭环境还是学校教育，都是在一定社会文化的背景下发生作用的。随着时代的变迁，社会文化会逐渐产生变化，从而影响人群整体的人格，每个人都或多或少带有时代的烙印。现在常谈论的“80 后”“90 后”“00 后”和“10 后”现象就是社会文化变迁对个人产生影响的真实写照。

生命历程中总要经历许多重大的事件，有的可以预期，有的则是偶然发生的。这些重大事件往往会给人生带来重大的转折。这些事件的性质不同，应对事件的方式不同，事件的结果不同，都会带来不同的影响，也会使人格发生变化。

二、大学生人格发展的特点

人格的整个发展过程，可以分为三个阶段：萌芽期（从出生到青春期之前）、重建期（从青春期到青年期）和成熟期（从成年期到老年期）。大学阶段正处于人格发展的重建期，在这一阶段，个人逐渐走向独立、走入社会，幼年、童年和少年发展起来的最初人格正经历着翻天覆地的变化，面临着从依赖他人走向独立自主的难题。

（一）大学生人格发展的总体特点

一是从不成熟走向成熟的过渡性。表现在大学生一方面能够主动去了解、分析自己的思想观念、行为习惯等人格特征，并有意识地去发展和改善自身人格；而另一方面，由于思维还具有不成熟的特点，加上社会经验和阅历不足，造成大学生的待人处事、看待问题的方式还有片面性，体现出人格还存在不健全、不完善的情况。因此，大学生要积极地参加社会实践，积累社会经验和阅历，同时不断提升理论水平，拓宽看待自身和世界的角度，才能使自身人格不断趋于成熟，顺利过渡。

二是影响大学生人格发展的因素复杂多样。大学生没有完全独立，所以受到家庭的影响还比较大，同时又生活在校园中，易受到学校、同伴群体的影响。大学生开始尝试融入社会，逐渐受到社会文化、各种传媒的影响。在这么多影响因素的共同作用下，大学生的人格发展经历着来自各方面的冲击，机遇与挑战并存，常常会经历大大小小的人格障碍和人格危机，如果顺利地度过这一阶段，大学生的人格将逐渐走向成熟和完善。

（二）大学生常见的人格障碍

人格障碍是指在没有认知障碍或智力障碍的情况下，个体因人格发展存在内部不协调，从而表现出情绪反应、动机和行为活动异常，并与所处社会环境相违背，妨碍个体适应社会的现象。人格障碍不是精神疾病，但是如果得不到及时有效的矫正，往往持续终身，并容易引发精神疾病。大学生常见的人格障碍有以下几种：

1. 偏执型人格障碍

偏执是指根据错误或不全面的信息，产生不恰当的观念，秉持错误的思维方式，并且固执己见，不听讲道理，认为只有自己是对的。如果经常出现偏执的状态，有可能存在偏执型的人格障碍。其主要表现为：第一，猜疑心理严重，常将他人无意的过失甚至友好的行为误解为敌意、歧视，因此会有很强的防卫心理；第二，容易嫉妒，对别人的身份、地位，以及受到的表扬或奖励心生不满，总觉得不公平、看不惯；第三，喜欢与人争辩，不遗余力地追求不合理的“权利”和利益；第四，总是把问题的责任推给别人，忽视或拒绝与自己想法不吻合的客观事实，很难讲通道理，固执己见。

2. 分裂型人格障碍

分裂型人格障碍的人常表现出明显异于常人的思维方式和行为习惯，并且一般较为内向，情感淡漠，不喜欢与人交往，缺少知心朋友，喜欢沉浸在自己的幻想中。

3. 冲动型人格障碍

冲动是一种理智被情感、情绪所蒙蔽的心理现象。冲动型人格障碍的主要表现为：情绪急躁、易怒，做事盲目，没有计划，缺乏坚持性，不考虑行为的后果，常表现出攻击性，容易与他人争吵或发生肢体冲突。

4. 强迫型人格障碍

强迫是指经常不由自主地产生某种想法或行为，即使知道这样做没有必要，也无法控制自己去想、去做。强迫型人格障碍主要表现为强迫性的观念和强迫性的行为，在日常生活中表现为：第一，总是感到一种莫名的不安全，如锁上门后还反复检查是否锁好等；第二，过于追求完美，却常常因过于执着琐碎细节导致整件事情失败；第三，做事刻板，过于循规蹈矩，不懂得变通，难以适应变化；第四，对于环境是否整洁过于敏感，洁癖严重；第五，不仅对自己过于刻板，也常用自己的特殊癖好来要求别人。

5. 反社会型人格障碍

反社会是指与社会的规范背道而驰的思想观念和言行。反社会型人格障碍常表现为：第一，总是违反各种纪律或规范，甚至习惯于犯罪，导致不能正常学习或工作；第二，对他人及社会缺乏同情心、责任感，冷酷，情感淡漠；第三，对自己违反道德准则和各种规范的行为结果不以为意，无悔改之心。

6. 表演型人格障碍

表演型人格习惯于用夸张的言行以吸引他人注意。表演型人格障碍的主要表现有：第一，表情易夸张，习惯装腔作势；第二，以自我为中心，强迫他人满足自己的要求，否则就产生强烈不满并想方设法使对方难堪；第三，为吸引他人注意，常表现出异于常人的言行举止，或习惯展现特别的外貌服饰；第四，情绪情感特别强烈，并且过于敏感，常表现出戏剧性的情绪变化，喜欢对自己的经历过分夸张。

7. 回避型人格障碍

回避型人格障碍的最大特点是自卑，其主要表现有：第一，在人际交往方面特别自卑，渴望与人交往，但总是退缩、回避，没有或很少有知心朋友；第二，在与人交往时总是怕出丑，习惯沉默，不敢主动表达自己；第三，对需要与人交往的活动或工作总是想方设法逃避。

8. 依赖型人格障碍

依赖是指自己应该且能够独立完成的事情却总是要求别人帮助或代替自己做。依赖型人格障碍的主要表现为任务依赖和情感依赖，具体表现有：第一，缺乏自主性和决断力，总是需要他人帮助自己决定事情或进行选择；第二，缺乏独立思考能力，人云亦云，总是听从别人的看法；第三，特别害怕独处，极力避免孤独；第四，为了讨好别人，使别人能陪伴自己，宁愿去做自己不愿意去做的事情；第五，经常觉得自己被抛弃，对亲密关系的终结感到绝望和无助。

三、大学生人格的完善

俗话说“冰冻三尺非一日之寒”。我们每个人的成功或者失败也不是一天能够铸成的，而是由人的天赋，更重要的是由经历的每一天、每一秒的生活状态所导致的。每个人的生活状态都不相同，很大程度上是由人格差异导致的。

来自边远农村贫困家庭的学生很多，其中受到他人冷遇或漠视的也不少，但是他们绝大多数都不像马加爵或林森浩那样去作恶。这是为什么呢？是因为人格的差异。这就像我们面对一条难走的路，有人能够克服困难，走过荆棘和坎坷，最终到达目的地，并且拥有了其他人没有过的经历，造就了自己的幸福；但是有的人却怨天尤人，嫉妒甚至仇恨那些有好路走的人，心中生出“我不好走，也不让你好走”的怨念，做出恶行，给别人带去灾难，也给自己留下痛苦和悔恨。

其实生活本来就没有想象中的美好，总会遇到许多不如意之处，这是生活给一个人的考验。通过考验，追求人格的完善，人生的价值和风采才能够体现出来，才能创造出属于自己的美好生活。

（一）人格健全的标准

什么样的人格才是健全的人格？许多心理学家都提出过自己的看法，但有几条标准是大家都认可的，可以作为参考：①充分了解自己，能对自己做出客观公正的评价，能正确看待自己的优点和缺点，不自卑，也不自负，拥有恰当的自信心；②有符合实际的生活目标，能根据自己的情况和周围环境的条件对未来进行合理规划，充满希望，并为理想而切实努力；③能恰当、适度地表达自己的情绪，用理智控制自己过于强烈的情绪；④乐于与他人交往，能够与陌生人建立交往关系，并能建立和维持亲密的关系，能与人有效合作，能较好地融入集体；⑤具备良好的社会适应能力，遵守社会规范，与社会保持密切接触，能随着社会的发展变化不断更新思想、行为，紧跟时代的发展；⑥身心和谐发展，气质、性格、兴趣、爱好、动机、才智、人生信念等保持协调，言行一致，能及时调整自己与外界环境的关系；⑦在社会允许的范围内，能充分发挥自己的天赋及智慧，个性能够自由发展，具有一定的创新、创造能力。

（二）大学生培养积极人格的途径

培养积极人格不是一件容易的事情，要达到上面的这些标准，也不可能一蹴而就。关键在于对自己的人格要保持信心，相信通过努力，自己能够变得更好，同时能够坚持不懈地切实努力，从日常生活中的点点滴滴做起，进行人格的修炼。那么人应该从哪些方面去着手培养自己的积极人格呢？

1. 认识自己的人格，接纳自己的人格

要想完善自己的人格，必须先全面地认识自己的人格，否则就会像盲人摸象一样，只知其一，不知其余，收效甚微。人格虽然内含丰富，结构复杂，但是总的来说主要有以下一些要点：一是观念是否正确（是否能够正确看待自己、看待他人、看待社会、看待未来）；二是态度是否积极（是否相信自己会变得更好，相信他人本性善良，相信社会能够进步）；三是是否有恰当的生活目标，并且在为其努力；四是人际关系是否和谐；五是是否有情绪管理能力。我们可以从这五方面来认识和评价自己的人格。

“人贵有自知之明”，因为人要了解自己比了解别人更难，所以这时不妨多请求别人的帮助，看看别人眼中的自己是怎样的，别人怎么评价自己，这就像给自己多找了几面镜子，能够把自己看得更清楚。当然也可以通过学习心理学来更多地了解人格的奥秘，或者寻求心理援助，让心理学专业人士帮助自己更好地认识自己的人格。

我们不仅要了解自己的人格，也要接纳自己的人格。“人非圣贤，孰能无过。”其实，许多圣贤之人在最初的时候也难免犯错，甚至做过很坏的事情。关键是他们能够认识到自己的错误，并不断努力去改正，他们的人格才能不断升华，最终成为圣贤。每个人都有爱自己的本能，爱自己、接纳自己是对的。如果能把这种爱与理智结合，既爱自己，又能看到自己的不足，使自己不断变得更好，这就是人格完善最强劲的动力。

2. 发扬好的方面，改变不足的方面

认识自己的人格之后，就会发现，自己的人格中，多多少少都会有一些好的方面，也多多少少会有一些不足。对于好的方面，自然应该坚持，应该发扬光大。对于不足之处，也应该承认，并且努力改正。

比如发现自己比较开朗、活泼，在人际关系方面表现不错，那就应该保持开朗的性格，多与人沟通交往，在集体组织中发挥自己的特长，更好地体现自己的价值。如果发现自己比较内向，人际关系不是很好，那也不用焦急，尝试告诉自己：我是值得结交的人。并且向别人表达出愿意结交的意愿，做出友好的行为，总会有人能够理解我、接纳我。

凡事都有两面性，就算是性格中的不足之处，体现在生活中的不同方面，也不一定都是坏事。比如有强迫倾向的人，只要不是太过度，不要影响到正常的生活，也有其好处。如有的人有轻微洁癖，有一点点强迫自己做卫生的习惯，会把周围环境保持得很清洁，一定程度上是有利于健康的。关键在于这种特质体现在生活的哪个方面，如果是强迫自己不断去做一些没有任何实际意义的事情，则无异于浪费时间和精力，严重影响正常生活。

3. 从小事做起，贵在坚持

“勿以善小而不为”，完善人格不是让人一下子去做什么惊天动地的大好事，而是把身边的小事一件一件地做好，把自己应该去做而没有去做的事一点一点地去尝试着做。比如发现自己有偏执的倾向，不能很好地听从他人的意见，有些固执，那么在快要和别人发生争辩时争取让自己闭嘴一分钟，多听他人说一分钟，只要这一分钟能够忍住，能够听进别人几句话，就是很大的进步。在此基础上，慢慢学会把自己的意见和想法先放在一边，开始越来越注意别人在说什么，久而久之，就能养成虚心接受他人意见的好习惯、好性格。

完善人格也不是让人一下子改掉自己人格中那些不好的特质。人格特质的形成往往经历了很长时间，也不太可能一下子就消失。“一屋不扫何以扫天下”，每个人都应该从最基本、最简单的开始，改掉那些小小的坏习惯。比如有些人有较强的表演倾向，言行举止比较夸张，迫切渴望时时都是人群焦点，那么可以先尝试让自己的外表不要那么张扬，减少一点夸张的装饰，在人群中减少一点夸张的语言或动作，逐渐适应不张扬的感觉，这样慢慢就能改掉过强的表演欲。

4. 防止“矫枉过正”

矫枉过正，过犹不及。人格就像一架天平，健全的人格往往趋向于平衡。如果说自信是平衡的状态，那么过于自信（即自负）或太不自信（即自卑）都失之偏颇。外向也是如此，不够外向（即内向）不利于人际交往，太过外向也可能给人不可靠、过于随意的感觉，对建立和维持更亲密的人际关系不利。所以，当一个人要培养自身积极人格的时候，就要防止矫枉过正，以免出现更多的人格缺陷。

（三）大学生培养积极人格的具体方法

针对上述八种大学生常见的人格障碍，可以采取不同的方法去分别克服。俗话说“对症下药”，可不能“吃错药”哦。

1. 偏执型人格障碍的应对方法

（1）改善沟通，建立互信。

猜疑和误解很多时候都是由于沟通不畅，或是缺乏互信引起的。加强沟通，遇事不要先生气、先怀疑，尝试相信他人，尽量减少猜疑和误解。

（2）自我分析，保持理智。

经常分析和提醒自己，在怀疑他人或嫉妒他人时，是不是自己的偏执心理在作怪。

（3）积极自我暗示。

暗示自己别人不会为难自己，自己也要谦和待人。别人的看法也许是对的，自己也该多听听。

2. 分裂型人格障碍的应对方法

（1）走出孤独，与人交往。

人与人之间本来就有差异，相信他人能够理解自己、接纳自己。

（2）走出空想，幻想变成理想。

幻想再美好也是一场空，如果能够在生活中为理想踏踏实实地努力，最后就能拥抱真真实实的美好。

（3）培养生活情趣。

养一盆花、看一本书、做一些运动，培养一些这方面的爱好，最好能有几个志趣相投的伙伴，这样才会知道幸福的滋味。

3. 冲动型人格障碍的应对方法

（1）培养自控，管住情绪。

情绪犹如野马，理智就是缰绳。要握紧缰绳，否则野马就会把人甩飞。

（2）积累阅历，开阔胸怀。

多看书、多观察社会，这样才会知道冲动其实解决不了问题，真正解决问题的是合作、是妥协。要合作，就要放下仇恨、敞开胸怀。

（3）找个方式释放自己。

年轻难免气盛，精力过多就会满溢。跑跑步、唱唱歌、去旅行，很多方法可以释放自己的能量，然后你会感到——好累但是好轻松！

4. 强迫型人格障碍的应对方法

（1）相信再大的事天也不会塌下来。

许多事情没有想象中的严重，就算被子没叠、手没洗，一时半会儿也没什么要紧，影响不大。就算自己偶尔有不好的念头，有就有吧，每个人的内心都很复杂，大家都也一样，没关系的。

（2）多做，少想，不后悔。

自己想好的事情，做了的决定，就不要去更改、去怀疑，而要按计划去做，事后无论结果如何，也不要后悔，后悔没用。

（3）适度“放纵”。

做什么事情都像遵守条约一样，生活将会变得死板、没有情趣，适度的“放纵”，自己给自己松松绑，自由地呼吸，你能做到的。

5. 反社会型人格障碍的应对方法

（1）做人要有原则。

没有原则的人就像脱轨的火车，是一场灾难，伤害别人，自己也跑不远。法律、道德，这些都是必须遵守的原则，不容触犯。

（2）尝试体验痛苦的感觉。

如果不觉得自己做的事会给别人带去痛苦，那么让别人也那样对你做，体验一下痛苦的感觉。以后再想这样做的时候回味一下这种感觉。

（3）放下仇恨，学会爱。

人与人之间不只有仇恨，可以有关心和爱护。以怨报怨，伤害别人，自己也得不到幸福。以德报怨，世界会更美好。

6. 表演型人格障碍的应对方法

（1）自己的“表演”别人喜欢吗？

如果总觉得自己的表现很好、很完美、很受别人欢迎，那么问问别人对自己的看法，不要争辩，认真地听，好好反思。

（2）做一个别人喜欢的人。

做别人不喜欢的事情而得到关注，是自讨没趣，不如不做。控制自己的表现欲，不要让它为所欲为，静下心来做自己的事，不要总是影响别人。

（3）恰当地发挥自己的表演才能。

分清楚什么时候能表演，什么时候不能表演。在舞台上，可以尽情发挥，相信大家会喜欢你。在生活中，活得真实自然，平平淡淡才是真。

7. 回避型人格障碍的应对方法

（1）走出自卑，树立自信。

人人都有缺点，不用因为自己有缺点而自卑；人人都有优点，找到自己的优点，树立自信。

（2）学会交往，勇敢走出第一步。

怕见人？想躲起来？不行，必须学会交往。他人不会嘲笑你，会理解你。只要勇敢走出第一步，就能找到温暖的双手和微笑。

8. 依赖型人格障碍的应对方法

（1）相信自己“我可以”“我能行”。

自己的生命自己做主，就会活得更有力量、更自由。相信自己有能力做自己的事，别人告诉你不行，你不一定不行，相信自己，尽力尝试。

（2）克服依赖思想。

幼儿园的小朋友都知道自己的事情自己做，作为成年人更应该做到。小朋友能自己收拾东西，成年人要做得更多，自己做决定、自己承担责任、自己做计划、自己监督自己……

第三节　团体辅导与积极心理学

一、积极心理学的研究内容

积极心理学兴起于20世纪末的美国，由心理学家塞利格曼和奇克森米哈里首先提出。“积极”意指每个人都所具实际和潜在的能力。积极心理学是区别于传统心理学关注人的心理问题及致力于心理治疗的观念，而是以研究人的发展潜力和美德等积极品质为主要内容，它是用一种更加开放、欣赏性的眼光去看待和理解人类的潜能、动机和能力，甚至人类的缺点和问题。

（一）积极心理学的基本内容

20世纪末塞利格曼指出，心理学有三项使命：一是研究消极心理，治疗精神疾病；二是鉴别和培养天才；三是让所有人生活得更加充实有意义，他认为，过去的消极心理学只担负了前一种使命，积极心理学要把心理学应该担负的三项使命全部担负起来。关于目前积极心理学的研究内容，主要集中在创造力与天才研究、积极的人格特质研究、积极情绪和积极体验研究等。

1. 创造力与培养天才

创造力研究的兴起可追溯到20世纪50年代美国心理学家基尔福特的研究，他认为，发散思维和变换能力是创造性思维的核心。由于创造力的定义和研究的复杂性，这一领域的研究进展不大。随着积极心理学的兴起，创造力和天才培养才蓬勃发展起来。对于创造力是先天形成的还是后天培养的这一话题，埃里克森通过研究提出了自己的观点：创造力是源于普通认知过程的一种脑力活动，更多的是培养出来的而非与生俱来的才能。关于天才的研究表明，天才儿童在自己具有天赋的领域有很强的成就动机和坚持性，而天才的产生与父母和家庭环境很有关系，天才通常是在那些富裕的家庭环境、并有丰富的智力或艺术刺激的家庭中产生的。如果创造力和天才是后天培养的，那么又该如何培养创造力和天才呢？有很多研究者提出了自己的培养方案。

2. 积极的人格特质

在积极心理学运动兴起之初，积极心理学家们就在构建积极心理学的理论框架，塞利格曼与著名积极心理学家彼得森经过三年的研究，建立了支撑积极心理学学科的基本内容——具有跨文化意义的《积极心理品质和美德：手册与分类》，即积极心理学到底应致力于培养人类的哪些品质，也称为“人格优势的价值与实践分类体系”（VIA），VIA体系构建出人类本性中的六大美德，即智慧、勇气、仁爱、正义、节制与卓越，这六大美德分别对应个体人格中的24种优势，即24种积极心理品质，它们分别是好奇心、好学习、创造力、洞察力、开放思维、勇敢、坚韧、诚实、生机勃勃、亲近、善良、人际智力、团队精神、公平、领导力、宽恕、虚心、谨慎、自制、审美、感恩、乐观、幽默、信仰。

近年，彼得森和塞利格曼等人开发出了评估人格优势的工具——《优势价值实践调查》（VIA-IS）。如今人们可以通过网络免费接受这一测试，包括240道题目，可以评定个体在24种优势上的得分高低，得分最高的五个优势被称为“显著优势”，它代表每个人人格中最为突出的积极特质。值得说明的是，积极人格特质包含24种心理品质只是现在的研究成果，相信随着积极心理学发展，积极人格特质中的积极品质会逐渐增加，不断修改和完善，以期待更加符合人类的现实情况。

3. 积极情绪和积极体验

从当代心理学研究的结果来看，个体对积极情绪的感受性与其人格特质的关系比较紧密，也就是说这种感受性有一定的先天性成分。除此之外，个体积极情绪的感受性还受环境的影响。积极情绪体验有多种分类，一种是根据情感本身的特性来分类的。这种分类的一大好处是和过去的情绪研究具有一致性，这种分类常把积极情绪体验分为积极情感（如愉快、欣喜等）和积极心境（如福乐、心醉神迷等）。但这种分类也存在一个缺点，就是这种分类并没有把积极本身的特性表达出来。也就是说，这种分类在很大程度上还是把重点放在了情绪的状态上，而没有放在“积极”二字上。现在积极心理学常用的是另一种分类，即把积极情绪体验分为感官愉悦和心理享受，这种分类是依据积极的不同特性为标准来进行的，这更有利于人们对积极进行有效把握。

主观幸福感是指个体主观上对自己已有的生活状态正是自己心目中理想生活状态的一种肯定的态度和感受。也就是说，主观幸福感既是一个人对自我生活状态、周围环境和相关事件的关于满意的认知和评价，同时也是一个人在情绪体验上对这些方面的主观认同。美国心理学家迪纳比较全面地概括了主观幸福感的三个特点：第一，它存在于个体的体验之中，具有主观性。个体是否幸福主要依赖于个体自己定的标准，而不是依赖他人或外界的标准，每个人都可能具有同等程度的幸福，但它们的实际标准却是不一样的；第二，主观幸福感不仅指主体没有消极的情绪体验，同时更是指主体要能体验到积极的情绪；第三，主观幸福感不是指个体对某一个单独的生活领域评估后的体验，而是指个体对整个生活评价后总的体验。因此，积极心理学认为主观幸福感是一个人积极体验的核心，同时也是其生活的最高目标。

（二）积极心理学今后的研究方向

积极心理学倡导探讨人类的美德，如爱、宽恕、感激和智慧等，以及研究人的发展潜能，引导人们不断地发展自己，使普通人生活得更健康、更美好，促进个人、团体和社会的繁荣，这具有极大的理论价值和现实价值。但由于其刚刚兴起不久，尽管它吸收了实证主义和人文主义，但还未形成一套成熟的理论体系。积极心理学的研究和应用领域虽然很多，但还需要进一步拓展和深化。总体来说，积极心理学今后的研究方向和主要应用领域基本存在于以下两个方面：

第一，积极教育。积极教育是对传统教育的反思，强调教育并不只是纠正错误、改造问题、克服缺点，而主要是发掘、研究个体的各种积极品质（包括外显的和潜在的），并在实践中进行扩展和培育这些积极品质。积极教育就是要创建一种教学环境，让个体的主动性、思考能力、热情、勇气、坚强等得以充分发挥，而不是给予过多的约束和控制。另外，积极教育的目标是让所有人尽可能地达到一个自己可能达到的理想状态，这一理想状态是依据每个人的具体情况而制定，是个体可能达到的动态理想状态，不求一致，但求尽力。

第二，积极心理治疗。塞利格曼在《积极心理治疗手册》中提到“积极心理治疗”主要是指积极心理学思想在心理治疗实践中的运用，并不是指某一特定的疗法，而是一种反对过去以问题为核心的病理性心理治疗，提倡把注意力集中在增进和培养人自身的各种积极力量上。积极心理治疗吸收了东方思想，着眼于冲突、烦恼和苦恼的积极一面，致力于加深自我认识，接纳自己，从而建立自我信任和安全的新生活模式。

二、积极心理学视野下的团体心理辅导

团体心理辅导是进行心理健康教育的重要途径之一。与传统的心理咨询相比，团体心理辅导具有普及性、体验性、探索性等特点，能够让个体在团体的人际交往过程中达到认

识自我、提高人际交往的能力、规划自己的人生等积极的目标。

（一）人本主义思想的融合

积极心理学最可贵的是其中所包含的人本主义思想，团体心理学是在人际交往及共同的团体活动中，帮助个体发掘自身的潜能，使个体健康地发展和成长，而这也正是积极心理学所秉承的理念与原则，相信每个人都是积极向上的，都有不断成长和发展的潜在力量，积极心理学正是致力于让个体开发自己的潜能，努力让个体生活更幸福，人生更完满。

（二）群依性理念的融合

积极心理学认为，个体幸福的五大元素中，其中之一就是人际关系。建立良好的人际关系，有助于个体形成强大的情感支持系统，这对于积极情绪的保持及健康人格的构建同样具有很好的帮助。而团体心理辅导也正是以团体为单位而进行的辅导性训练活动，注重群体的重要性，在组织协调良好的团体内进行而团体活动所取得的效果远胜于孤立的个体，团体辅导注重的分享与交流同样是在团体内与成员进行沟通而取得的感悟。两者在群体性理念上的融合可以进一步促进团体心理辅导取得更好的效果。

（三）发展性辅导理念的融合

与传统的心理咨询和教育理念不同，团体心理辅导关注大多数健康的人群，关注大部分群体的未来，重点在于预防和发展，目标是为了预防未来要发生的问题而采取的辅导性措施，并辅助知识性传播，以期更好地指导个体健康发展，形成良好的心理素质，实现对心理问题的预防。同时积极心理学同样反对传统的主流心理学观点，认为不应该只关注个体的心理问题，而应该以预防为主，多关注个体潜在的心理能量，认为每个人都有应对自己生活及心理问题的能力，只要进行适当的开发和指导，就能够起到预防心理问题，促进个体健康发展的目的。

第四章 团体心理辅导技术在高校教育中的应用

第一节 高校团体心理辅导的相关理论

团体心理辅导是一门以心理学为基础的专业知识、理论与教育实践活动。研究团体心理辅导对大学生适应能力的影响，把团体心理辅导运用到改善大学生适应能力的工作中，对创新大学生思想道德教育的方法和手段、全面提高大学生综合素质具有重要意义。

团体心理辅导是在团体情境下进行的一种团体心理辅导形式，通过团体内人际交互作用，促使个体在交往中通过观察、学习、体验、认识自我、探讨自我、接纳自我，调整改善与他人的关系，学习新的态度与行为方式，以发展良好适应的助人过程。

一、团体心理辅导的理论依据

（一）行为派学习理论

行为派学习理论重点强调环境对行为的作用。许多社会学习理论家进一步完善了行为派学习理论，认为人的很多行为是可以通过模仿得到的，而并不见得一定要以经典条件反射或操作条件反射缓慢地建立。班杜拉开创了替代性强化的内容，学习者能够通过察觉被模仿者得到嘉奖或强化而进行自我强化的功能。班杜拉由于受到认知心理学的启发，提出人的行为是内在因素和外在因素相互作用的结果，观察学习与模仿不一样，前者具有认知性。

（二）群体动力学理论

20 世纪 30 年代，群体动力学理论在美国创立，创始人勒温认为一个群体无论哪一部分的变化都会引起另一部分的变化，因此它是一个动力整体。而群体成员间的相互依存联系，就是勒温群体动力学的核心。勒温的群体动力学是集理论、研究和应用为一体的。依照理论进行研究工作，研究得出的成果可以很好地应用到实践当中，同时，研究和应用又反过来很好地促进了理论的提高。群体动力学理论的意义在于研究群体发展的客观规律。群体动力学的研究为团体心理辅导中气氛的营造、群体凝聚力的形成、指导者能力的培养等提供了具有针对性的指导，为团体心理辅导提供了重要的理论依据。

（三）需要层次理论

马斯洛所提出的需要层次理论将归属需要看作人的基础需要之一，包括个体交往、得到别人的鼓励和赞扬、得到社会的支持和认同等心理需要，形成了团体中的个体心理基础，对于这种心理需要是否能够满足，就形成了团体吸引力的重要的基础和条件。

（四）当事人中心治疗理论

美国著名心理学家罗杰斯在其所创立的治疗理论中提到，人有理解自己，不断趋向成熟，产生积极的建设性变化的巨大潜力，所以团体心理辅导的主要任务就是要鼓励和启发这种潜力的发挥，使其变得更加成熟。团体的指导者和参与者互相引导别人真实地表达个人的感受，表露出一些平时未表露出的人生态度，从而使团体中的每一个人都被其他的人平凡地对待，并通过其他成员的反映来得知自己的特点，从而真正地认识自我。

（五）事实依据

除了以上的理论依据之外，团体心理辅导更要考虑很多事实依据。理论具有普遍意义，但每个人都有自己独特的地方，他们可能都存在适应方面的问题，但究其根源则是不同的。要想得到较好的效果，就一定要依据每个人的自身特点设计团体心理辅导。因而，前人所积累的很多关于改善大学生适应能力方面的经验也成了制定团体心理辅导方案的重要的事实依据。

二、团体心理辅导的基本原则

（一）倾听、尊重和理解的原则

倾听是团体心理辅导的根本所在，希望得到别人的倾听和理解是人的本性。在团体心理辅导中，指导者应该放弃自己的参照标准，与学生进行心与心的沟通，真正去感受学生的真实情感，理解学生所表现出的各种动机。

倾听是团体心理辅导中最为关键的一个方面，没有倾听，团体心理辅导将不能发挥其应有的作用。倾听主要要做到以下几个方面：有良好的耐心，时刻注意参与者的变化，不要轻易打断参与者，善于使用肢体语言等。在特有的氛围当中，依靠团体之间的互动，可以激发很多学生一直埋藏在心灵深处的感受，如愤恨、焦躁、嫉妒、害怕等，并使学生情不自禁地要将这些埋藏在心里很久的感受宣泄出来。类似的团体情境效应，经常会感人至深，让人潸然泪下，当然有些时候也会使人比较尴尬。当指导者面临这些情境时，要表现出倾听的意愿，让倾诉者感到自己对他的尊重和理解。

（二）主体参与、成员互动的原则

一个成功的团体心理辅导，一定要本着主体参与、成员互动的原则，在团体成员的互动中可以有效地促进学生对他人的认知和对自我的认知，从而学会沟通、交往，学会合理地看待一些人和事，进而使自己真正地成长起来。

主体参与、成员互动可以带来积极的效果。例如，通过互动可以满足许多学生喜欢交朋友的心理需要；通过互动能够更加了解自己，同时也使同学们对自己的认识更加深刻了；通过互动，可以锻炼学生良好的人际适应能力。

（三）预防与发展相结合的原则

团体心理辅导的作用主要有三个方面：矫治、预防和发展，由当今团体心理辅导的发展可以看到，预防和发展的作用已经重于矫治。很多人误以为只有学生出现了心理问题时才会进行团体心理辅导，这是明显错误的认识。在现实生活中，运用团体心理辅导可以辅助学生提高自己的人际交往水平，提高抗挫折的能力，防止心理问题的产生和发展，以正常的心态投入学习生活；同时使学生树立合理的价值取向，制定合理的人生目标，认识到自身的潜力，挖掘个人的潜能，享受幸福快乐的生活。

（四）保密的原则

保护好每个参与者的隐私，是团体心理辅导的最基本原则，这关系到指导者的道德水平，更关系到参与者的个人发展。指导者应在团体心理辅导开始前向全体参与者提出保密要求，制定严格的保密纪律，要求大家遵守。只有在保密的前提下，团体心理辅导才能在其应有的情景下开展起来，从而产生真正的效果。

（五）教育性原则

教育性原则是指在进行团体心理辅导时，应注重引导学生树立正确的人生观、价值观和世界观，帮助学生端正看问题的角度，调整看问题的方法，建立积极的思维模式。

（六）发展性原则

发展性原则是指在团体心理辅导过程中，要充分尊重学生身心发展特点和规律，在确定团体心理辅导的具体目标、选择团体心理辅导的具体内容及实施形式时，考虑学生不同的年龄特征。

（七）主体性原则

主体性原则是指学校团体心理辅导要以学生为主体，充分尊重学生的主体地位，充分发挥学生的主体作用。

（八）差异性原则

差异性原则是指团体心理辅导既要面向全体，着眼于提高全体学生的心理健康水平，同时还应关注学生的个别差异，根据不同学生的不同需要，灵活多样、富有针对性地帮助学生解决具体问题。

（九）活动性原则

活动性原则是指团体心理辅导应突出以活动为主的特点，把团体心理辅导的内容渗透在灵活多样、富有情趣、符合学生年龄特征的活动中，发挥活动优势，注重活动过程的教育作用，通过活动促进学生发展。

三、团体心理辅导的基本模式

（一）指导模式

指导模式是学校团体心理辅导中最早形成的一种理论模式，其基本特征是强调对学生特质的了解，力图充分发挥咨询者对学生成长的理性导向功能。

（二）治疗模式

治疗模式是在对心理偏常学生的咨询、治疗过程中逐步形成的，其基本特征是从临床心理治疗的观点出发来看待咨询过程，把当事人看作心理偏常的求诊者，咨询师运用多种临床方法，并积极发挥治疗对象的作用，以促进其心理功能的恢复和协调。

（三）发展模式

发展模式是学校团体心理辅导发展史上的一个新转折。其主要特征是强调了解个体在不同发展阶段的心理特点，关注正常个体在不同发展阶段的任务和应对策略，重视智力潜能的开发和各种经验的运用，重视心理冲突和危机的早期预防和干预，帮助个体调动潜能，获得最优化发展。

（四）社会影响模式

社会影响模式是当前咨询过程中最富有影响的理论模式之一，其基本特征是从人际交往和社会因素方面探讨有效咨询的条件和途径。

四、团体心理辅导的过程

（一）准备阶段

在团体的准备阶段，团体还没有形成，处于筹备过程中。团体在该阶段有两个任务。一是制定团体心理辅导的计划，包括团体的目标、团体的类型、团体心理辅导的内容、参加人数、团体开始与结束的时间、辅导的频率，以及该辅导方案的理论基础、成员应该注意的问题等。二是招募团体成员。招募的方式主要有张贴招募广告、开设团体心理辅导课程、通过网络电视广播报纸等媒介进行招募以及专家、老师和熟悉人的介绍等。在学校的团体心理辅导中，主要是以张贴招募广告为主。必要时，可以进行个别访谈，以便清楚地了解团体成员的相关信息，及时修改团体心理辅导的计划；也可以通过访谈，排除不符合本次团体心理辅导目标的成员。

（二）开始阶段

在团体的开始阶段，团体的特征是不确定性和试探性。团体在该阶段有两个任务。一是订立团体的规范，建立彼此的信任。团体成员初入团体，对团体的相关内容、运作形式以及团体的目标都不了解，很多不确定性的因素使得团体成员缺少对团体的认同感和归属感。他们之间的交流多为试探性的，自我暴露的程度也较低。他们需要领导者告诉他们什么样的行为是合适的、可以获得认可的，什么样的行为又是会遭到拒绝的。在规范中，领导者需要带领每一个团体成员共同制定出符合团体规范的行为，如每一个成员必须对团体内的其他成员负责，保守秘密，真诚地对待每一个团体成员等。二是领导者应该澄清团体目标以及帮助成员重新认识他们的个人目标，帮助成员加深了解并鼓励他们积极参与团体，教授团体成员一些人际交往的技巧，告诉成员如何与人相处，如何表达喜爱、愤怒情绪等。

(三) 冲突阶段

在团体成员相识之后，团体会发展到冲突阶段。该阶段团体的特征是攻击性和防御性。团体在该阶段有两个任务。一是鼓励成员正确地表达冲突，教给成员应对冲突的技巧并帮助成员学会接纳他人不同的行为和观点。随着成员自我暴露的增多，会导致成员之间不一致的行为、观点以及价值观的产生，从而引发各种各样的敌意与冲突。冲突的发生在某种程度上，可以促进团体动力的形成，推动团体向前发展。团体中的领导者需要让每个成员知道，现在团体的攻击性特征对团体的发展是有利的，成员不要压抑自己的情绪，反而需要用恰当的方式表达出来。二是团体中的领导者应该使用与应对冲突有关的技巧和策略，例如领导者对成员表达的愤怒情绪进行共情式的反馈，真正去理解成员愤怒产生的原因等。

(四) 规范阶段

在规范阶段，团体特征是凝聚力逐渐增加、成员关系越来越稳定。团体在该阶段的任务是维持团体的稳定、引导成员从表达彼时彼地的行为转向表达此时此地的感受。经过前三个阶段之后，团体内的成员逐渐找到了自己在团体中所扮演的角色，并且逐渐认同其他成员的观点与行为，对团体的归属感更加强烈，也会更加自如地表达自己的观点与情感。此时，团体的凝聚力迅速增强，团体依恋也随之增加。团体成员与领导者共同推动团体动力的发展。

这个阶段的稳定程度关系到团体效能的发挥，也是团体必不可少的过程。团体领导者需要进一步强化团体规范，澄清团体出现的问题，与成员讨论解决的办法，以便减少影响团体凝聚力的行为发生，例如成员会出现迟到行为，领导者需要与成员共同探讨该成员出现迟到行为的原因等。随着团体规范的完善，团体中的不良行为大大减少，团体的稳定性与凝聚力不断增加。领导者还应该鼓励成员加入团体，在团体中表达此时此地的情感，这也可以促进成员相互的接纳与理解。另外，团体领导者要注意成员自我暴露的程度与水平、团体时间的控制等问题。

(五) 效能阶段

效能阶段，也是工作阶段，团体内问题解决阶段。该阶段团体特征是团体凝聚力在较高的程度上趋于稳定，成员的垂直暴露水平增多，团体的效能逐渐发挥。团体在该阶段的任务是借助团体凝聚力，支持、保护自我暴露的成员，并同其他成员一起促进该成员问题的解决。在效能阶段，成员开始尝试暴露一些很少在公开场合谈及的话题，而这些问题正是困扰并影响他们生活的主要原因。成员暴露出的一些问题会在领导者与其他成员的共同讨论中得到解决，成员在这个过程中也会感受到复杂的情感，他们既体验到团体的安全与成员的接纳所带给他们的舒适与欣慰，又因为暴露一些深藏在心底的问题而感到痛苦与焦虑。这些复杂的情绪情感存在于整个效能阶段。

（六）结束阶段

随着成员问题的逐步解决，团体将进入结束阶段。该阶段团体的特征是离别焦虑与总结回顾。团体在该阶段的任务是处理成员离别的情绪、回顾整个团体的历程并提醒成员注意团体效能的迁移。经历前五个阶段的成员对团体的热衷程度达到了最高点，他们愿意留在团体中，与团体同在。但当领导者提醒团体即将结束时，他们的离别焦虑会随之产生，会表现出一些非理性的行为，如提出增加团体的次数．团体结束后要与成员经常联系、认为离开了团体他们的问题还会出现等。团体领导者会扮演一个让成员都“讨厌的角色”，即告知成员团体即将结束。领导者需要给成员介绍与团体结束相关的知识，并帮助成员减少离别所带来的焦虑与担心，要让成员明白团体给他们带来的力量不会随着团体的结束而消失。在团体即将结束的时候，团体领导者需要帮助成员表达对团体的留恋，对领导者与其他成员的支持与鼓励表示感谢，整个团体又回到了一个温馨，温暖的气氛之中。他们会相互拥抱，相互鼓励以及互留联系方式、合影留念等。

五、团体心理辅导的理论流派

（一）精神分析流派

精神分析流派是心理学发展历程中的一个重要流派，作为现代心理治疗的基础，其深远影响不止在于心理学领域，甚至辐射到人文科学的各个领域及社会生活领域。精神分析流派经历了艰难崛起、辉煌鼎盛和渐趋衰落的发展历程，其代表人物奥地利精神病医师、心理学家弗洛伊德于19世纪末叶所提出的人格动力说、人格构成说、人格阶段论等重要理论也曾经一度对心理治疗产生重大影响，其创立的自由联想、释梦等技术直到今天仍在临床治疗中得以运用。在学校团体心理辅导中，尤其需要重视其人格构成说。弗洛伊德认为，个体人格主要由三部分构成，即本我、自我和超我。本我代表个体的一切原始冲动和本能欲望，它“就像一口沸腾着本能和欲望的大锅，急切地寻找发泄口”。它唯一的要求是获得快乐，避免痛苦。因此，它的活动方式是“快乐原则”。超我是人格结构中代表理想的部分，它是在个体成长过程中，通过内化道德规范、社会要求而形成的，其活动方式是“道德原则”。自我集多重任务于一身，既要反映本我的欲望，又要分析客观现实，还要受到超我监督，最终斟酌利害关系，既满足或部分满足本我欲望，又能在现实条件下保护自己不受损害。因此发展出心理防御机制，即习惯化的反应方式。弗洛伊德认为，只有三我和睦相处，保持平衡，人格才会健康发展。一旦三者吵架，引起失调，就会导致神经症的发生。

（二）行为主义流派

行为主义流派有着鲜明的治疗特色，它强调以行为为中心，认为一切心理障碍都是不适应的行为，不适应行为如同适应行为一样，也是习得的，即个体是通过学习获得了不适应行为。因此，行为主义流派把行为本身的改变作为治疗的目标，而不像精神分析流派那样去挖掘行为背后的深层原因。行为主义流派也不像精神分析那样注重个体的早期经验及生活史，而是强调当事人目前的问题，着眼于可以改变当前行为的环境因素，分析如何重新安排这些因素来消除不适应行为。行为主义流派强调当事人的自我管理和自我控制，强调利用当事人的积极作用以习得新的适应行为。

在其理论基础上，行为主义流派认为治疗一般包括行为评估、治疗和随访三个阶段。第一阶段的行为评估分为两步，第一步是鉴别出问题行为，第二步是对问题行为进行分析，考察行为的前导事件、结果行为和行为后效。第二阶段的治疗过程包括确定目标行为，选择具体方法技术，实施治疗计划等。第三阶段是对当事人进行随访。

行为主义强调客观研究，创始人是著名心理学家华生。在心理发展这一领域比较有代表性的人物除了华生之外，还有斯金纳和班杜拉。

华生是一位环境决定论者，他否认遗传的作用，他的理论夸大了环境和教育的作用。斯金纳提出了操作性行为，强调塑造、强化与消退、及时强化等原则。斯金纳把他的理论很好地应用到了实际生活中，他发明了在当时风靡一时的育婴箱，沿用至今的行为矫正也是基于他的理论。为了更好地达到教学效果，他提出了教学机器和教学程序的设想，这些理论至今依然受到教师们的青睐。班杜拉理论中最基本的一个核心就是“观察学习”，他认为观察学习包括几个过程：注意过程、保持过程、运动再现和动机过程。儿童在观察中形成自我评价的标准，进而调整自己的观念，改变自己的行为方式。他认为社会成员都受一种社会标准的引导。班杜拉专门研究了攻击性、性别化、自我强化和亲社会等行为。

（三）人本主义流派

人本主义流派具有强烈的人本主义倾向，认为应该从健全发展的人身上去观察人的基本属性，人性本善，人天生就有自我实现的趋向。人本主义流派反对教育的、行为控制的治疗倾向，提出“以人为中心”疗法，认为个体应该而且能够为自己的行为负责，在咨询过程中应当给予无条件的积极关注，充分信任当事人，重视发挥当事人身上蕴含的巨大的积极向上的驱动力量，主张由当事人主导治疗过程，咨询师做当事人的朋友和伙伴。

人本主义流派的自我理论是其关于心理失调理论的基础。罗杰斯认为，自我不等于自我意识，而是自我知觉与自我评价的统一体。它主要由三部分构成，即个人对自己的知觉和与之相关的评价，个人对自己与他人关系的知觉和评价，个人对环境各方面的知觉及自己与环境关系的评价。罗杰斯认为，在自我形成的过程中，儿童的行为逐渐受到内化了的社会价值规范的指导，而逐渐放弃按照自己天生的机体估价过程去评价自己的经验。这样，儿童真实的、天然的自我就和经验之间出现了不一致。换言之，个体会意识到“我（本来）是这样”，同时却又根据社会价值规范告诉自己“我不应该是这样”。如果个体不能通过防御过程来避免焦虑，维护自我的完整性，就会产生心理失调。因此，以人为中心疗法的治疗目标就是“去伪存真”，即引导当事人从面具后面走出来，变成真正的自己。用罗杰斯的话来说，咨询应该使当事人“变得愈来愈接近他真正的自己。他开始抛弃那用来应付生活的伪装、面具或扮演的角色。他力图想发现某种更本质、更接近于他真实自身的东西”。

第二节 团体心理辅导在高校课程教育中的应用

近年来，由于我国各个高校团体心理辅导深入发展，大量教育工作者已经认识到只把学业困难的学生作为团体心理辅导的主要对象是远远不够的，因此，对高校学生来说，其团体心理辅导要从传统补救性模式向发展性模式转变。在20世纪90年代，团体心理辅导开始传入中国，这对学生今后的发展必然会产生一定的影响。因此，各个高校应对团体心理辅导工作引起高度重视。

一、团体心理辅导在团体心理辅导课程中的运用

（一）团体心理辅导的一般形式

近年来，越来越多的心理学工作者借助团体心理辅导这种心理疏导方式，利用团队的集体力量帮助人们解决自身问题。

1. 角色扮演

角色扮演是指参加团体心理辅导的成员根据指定的故事和场景模仿其中的人物特征，以深入到该情节下深刻体会不同的人生角色。团体心理辅导师认为，在成员们模仿和体验这些角色的同时，身处其中的成员们不仅可以增进相互之间的理解和沟通，还能理解别人和站在不同的角度考虑问题。该方法给我们揭示了处理人际关系的不同观念及技巧。

2. 心理剧

从当今的高校团体心理辅导发展情况来看，心理占据着越来越重要的地位，并且已经渐渐成为一种重要和不可替代的方法。心理剧对改善学生的情感、情绪方面产生了很大的影响。学生通过亲身参加心理剧，扮演戏中角色来发泄不良情绪、抒发自身潜意识中的情感，可对很多心理问题起到治疗的作用。同时，由于学生对剧中情绪情感有深刻体会，他们会获得更多感悟和对自己的内省，并逐渐建立起良好的行为习惯。心理剧能让参与者在思想上产生一定的共鸣，还能调动每个团队成员的积极性，达到稳定学生情绪和情感状态的作用。

3. 游戏辅导

游戏辅导，是指通过引导学生进行相关游戏的过程，分析每个团体成员在其中的表现和投射出的自身情感及内心，抓住其中的问题和重点，有针对性地对他们进行心理辅导。在游戏过程中，游戏本身的趣味性还可提高学生们对参加相关活动的积极性和兴趣，唤起他们对朋友、亲人的关注及关爱。

（二）团体心理辅导在团体心理辅导课程中的应用

当前，高校的团体心理辅导根据学生的定义及需求分为压力管理、情绪管理、时间管

理、人际关系、生涯规划等方面的内容。

1. 压力管理团体

压力，是指人自身的内心冲突及与此伴随而来的强烈的情绪体验，是一种认知行为体验，由心理压力源及对压力的反应共同构成。在日常生活中，我们处处都会遇到及体会到不同的压力，尤其是大学生群体，同时需要处理学习、就业、生活、经济等各方面的压力。所谓的压力管理就是假设人们需要正面面对压力，不仅不能被它打败，还要学着战胜它。心理学家相信人的思维和行为都可以直接对人的压力感受产生影响，人们对事物本身的评价才是决定压力影响的关键。利用压力团体心理辅导不仅能使大学生们正面认知和感受压力，还能教会他们怎样给自己减压，最终学会并掌握压力管理的有效方法，提高学生们承受挫折的能力，增强他们的自信心，让他们保持积极向上的生活态度，勇敢地笑对生活。

2. 情绪管理团体

情绪，是指人们对感觉、思想、行为方面产生的心理和生理上的状态的主观认知。情绪管理则是先引导个体认识自身及他人的情绪，进而协调、互动，最后达到控制。这个过程可以培养个体自身的情商及控制自身情绪的能力，还能逐渐稳定他们自身的情绪状态。近年来，抑郁、恐惧、愤怒、焦虑、自卑这些不良情绪对大学生的影响越来越大，有的甚至已经对部分学生的学习和生活产生了不良影响，如果任由其发展下去，这些情绪还会导致一些身心疾病。通过情绪管理的团体心理辅导，一方面让学生们自身对情绪有一个完整和深入的认知，另一方面对自身的情绪变化更能敏锐感知，也能理解到控制情绪对自身各方面发展的重要作用。当然，合理地发泄不良情绪，利用一些心理学技巧及时调整自己的情绪，都是体现自身情绪管理能力的方法。

3. 时间管理团体

时间对于每个人而言，都很珍贵。如何有效利用时间，对时间实行有效管理呢？我们首先要对要做的事情及时间有一个大概的规划，根据一些规划技巧和方法来完成既定目标。刚刚从高中进入大学的学生，突然面对变多的可自由支配的时间，往往会感到迷茫，不知如何规划。很多学生因此沉迷网络游戏、热衷社团及社会活动，无法有效地利用时间。对大学生进行时间管理团体心理辅导，引导他们确定自身的价值观和目标，根据对任务的等级排序，按该等级处理每件计划事件，这样可以帮助学生形成自己的时间管理模式。

4. 人际交往团体

大学生们均处在对人际交往的渴求和理解的心理发展期，心理健康水平也受到人际关系健康与否的影响。在人际关系中，他们要求平等，注重精神世界，情感占很大比重。人际关系较和谐的学生能从中获取安全感和归属感，也能得到精神愉悦感，从而提高心理健康水平；而人际关系有障碍的学生则会在交往过程中产生很多抑郁、紧张、焦虑、压抑的不良情绪，或是因为孤独寂寞导致身心都受到损害。在大学生的人际交往团体心理辅导中，指导者可通过这个过程使学生们对自己人际交往中存在的问题有更深的认识，改正认知偏见，学习如何与人建立良好、和谐的关系，提高人际交往的能力，促进身心健康发展。其中，团体活动包含对自己人际关系的认识、对团体成员的认知和接纳、自我肯定、倾听训练、学会欣赏及赞美他人等。

5. 生涯规划团体

大学生生涯规划是根据每个人的兴趣、爱好、人格的不同，同时结合自身专业特点和知识结构，给自己未来的工作和生活方向进行一个初步的设想和设计，这有利于认识自我、了解自我，明确自己的方向及人生目标。大学中生涯规划团体心理辅导包括对自我的深入认识、对自我未知能力的探索、对自己内心兴趣的探索、对自己未来职业和生活的目标和规划。通过辅导帮助大学生提高心理适应性与工作能力，更快更好地适应职位及社会对其提出的要求；帮助学生加深对自己的了解、对社会和职业的认知，明确自己的职业发展之路，提高求职技巧，合理入职上岗，尽快完成从象牙塔到社会的转变。

（三）团体心理辅导在团体心理辅导课程中的应用成效

第一，完善学生的自我教育功能。在团体心理辅导中，团体中各成员通过不同的语言、非语言方式进行交流和沟通，这有利于成员的社会性的发展。另外，辅导的过程也是成员主动学习、自我整合、自我完善的过程，这些有利于团体成员的自我教育。第二，促进个体心理健康的发展。团体心理辅导活动有利于个体的社会性发展、心理健康的发展、人格的不断完善。第三，预防心理问题的产生。团体心理辅导是预防心理问题发生的最佳途径。通过团体心理辅导，可使成员加深自我认识，发现自己的不适性行为，并加以纠正。同时，在团体心理辅导活动中，促进了人们的相互交流。第四，团体经验在日常生活中的运用。通过团体心理辅导，促进学生相互之间的信任和尊重，还能让他们学习如何接纳他人及与自己不一样的存在，更能感知他人需要并关心他人。

二、团体心理辅导在高校思想道德课程中的应用

在高校思想道德教育中实施团体心理辅导，是基于如下考虑。第一，团体心理辅导与高校思想道德教育有着共同的工作目标。团体心理辅导旨在提高团体成员的心理素质，而高校思想道德教育则旨在促使学生养成科学的世界观、正确的人生观和高尚的道德品质，因此，二者在工作目标上是同一的。第二，团体心理辅导能够提高高校思想道德教育的工作效能。人们良好的思想道德品质的形成，依赖于健康的心理环境和积极的心理品质，而积极的心理品质，有利于个体接受正确的思想观念，并将其有效地内化为自己的正确信念。团体心理辅导的优越性在于，其将团体作为一个微型社会，为那些在现实生活中遭受种种挫折的成员提供了一个相对宽松的心理环境。在这样一个宽松的环境中，参与者乐于尝试各种选择性行为，并学习有效的社会技巧。由此而言，团体心理辅导为高校思想道德教育创设了一种和谐稳定的良好的接受心理环境，有助于高校思想道德教育达成其最佳效果。第三，团体心理辅导与高校思想道德教育有着共同的师资队伍。从事团体心理辅导和

高校思想道德教育工作的两支队伍，在人员构成上，有很大比例的重合与交叉，即大多为高校辅导员和承担思想道德教育的老师。这就为团体心理辅导与高校思想道德教育的融合提供了先决条件。

（一）实施原则及辅导者选择与辅导主题的确立

在高校思想道德教育中实施团体心理辅导，既要兼顾团体心理辅导自身所具有的科学性，又要兼顾高校思想道德教育自身所具有的特殊性。团体心理辅导自身所具有的科学性，具体体现为其强烈的专业色彩。高校思想道德教育自身所具有的特殊性，具体体现为其人本理念与人文色彩，即在平等的基础上，彰显人的价值，使人们达成共同的政治目标。因此，在高校思想道德教育中实施团体心理辅导，应当坚持专业性原则、平等性原则与共同性原则。具体而言，由于团体心理辅导的专业性较强，因此，高校思想道德教育工作者在运用团体心理辅导以解决学生所存在的思想问题时，应当坚持专业性原则，即高校思想道德教育应在调查了解学生实际情况的基础上，遵循团体心理辅导理念与具体的指导方法，以有效地开展其工作。在团体心理辅导过程当中，成员与成员之间，辅导者与成员之间，应当始终保持平等的关系。只有在平等对话的语境中，成员才能敞开自己的心扉，真诚地接受他人的帮助，并为他人提供有效的帮助。因此，在高校思想道德教育中实施团体心理辅导，必须坚持平等性原则。团体心理辅导要想达成其目的，必须充分调动团体中每一名成员的参与积极性，这是做好团体心理辅导的基础。因此，在高校思想道德教育中实施团体心理辅导，必须坚持共同性原则，即教育者应在充分了解学生思想特质的基础上，关注学生的共同志趣、共同信念，并充分满足其合理的共同需求。

在高校思想道德教育中实施团体心理辅导，除了应始终坚持专业性原则、平等性原则与共同性原则之外，还应重视辅导者的选择与辅导主题的确立。换言之，高校思想道德教育在引入团体心理辅导模式时，应当注重辅导者的角色定位，并确立一个有效的辅导主题。只有这样，才能确保团体心理辅导的有效性和针对性。

辅导者在团体心理辅导中发挥着至关重要的作用。高校思想道德教育中的团体心理辅导者，应包括专职和兼职心理辅导教师。专职心理辅导教师能够利用所掌握的专业知识，分析学生思想上所存在的问题，并寻找合理有效的解决方法。不仅如此，在团体心理辅导中，专职心理辅导教师还能够利用其所掌握的专业知识，选择确立辅导主题、辅导场所、辅导人数和辅导方案。而兼职心理辅导教师则能立足于思想道德教育角度，发现学生思想中存在的问题，从而为专职心理辅导教师的辅导指明必要的方向。由此可见，只有专职与兼职心理辅导教师共同努力，才能确保高校思想道德教育中的团体心理辅导达成其应有的目的。

团体心理辅导的成功，不仅取决于辅导者的相关辅导，还取决于辅导主题的正确选择。在高校思想道德教育中实施团体心理辅导时，其辅导主题的确立，应当充分考虑学生所处的环境，以及其心理特征。环境对学生的思想及其形成有着较大的影响。因此，高校思想道德教育欲实施团体心理辅导，辅导者在确立辅导主题之前，应当深入分析学生所处的环境，了解其对学生所产生的具体影响，如此，才能确保团体心理辅导更有针对性和科学性。在成长过程中，部分学生会因无法正确地面对现实中的诸多困惑，而产生种种心理疾患。高校思想道德教育只有彻底扫除学生的人格障碍，才能有效地促进学生身心的健康发展。因此，在高校思想道德教育中实施团体心理辅导时，其辅导主题的确立，必须建立在充分考量学生心理特征的基础之上。

（二）团体心理辅导的实施路径

在高校思想道德教育中实施团体心理辅导，可以班级活动为载体，以大学生团体心理辅导课程为主渠道，以调查、反馈、讨论为主要手段。

团体心理辅导需要组建一个自然团体，才能在此基础上开展相关活动，而班级制则正好为其提供了这样一个自然团体。因此，以班级活动为载体，就成为高校思想道德教育实施团体心理辅导的必然选择。传统的高校思想道德教育，以课堂理论教学为主要教学方式。这种教学方式的最大弊端就在于理论性太强，说教意味过浓。因而在一定程度上，削弱了高校思想道德教育的教育成效。而在课堂理论教学中适度引入以游戏、谈话、体验为主的团体心理辅导模式，能最大限度地调动学生的积极性，使学生积极投身于课堂理论教学，从而确保高校思想道德教育目标的顺利实现。在高校思想道德教育中开展以班级活动为载体的团体心理辅导时，应充分利用学生的社会实践活动，巧妙地将课堂延伸至校园、家庭与社会，从中寻找具有教育意义和价值的题材，并组织学生，围绕这一主题开展相关讨论。其主题可以是针对学生思想，以热门话题为主的话题型主题；也可以是针对学生行为的，以某一任务为主的任务型主题。对于话题型主题，在具体辅导过程中，辅导者应按照高校思想道德教育目标，设定具体话题，并引导学生，在交流互动中，不断地向教育目标靠近。对于任务型主题，辅导者则应当按照共同性原则，在深入班级内部了解学生喜好和思想状况的基础上，充分调动学生的积极性，有针对性地开展思想道德教育。

大学生心理辅导是高校思想道德教育的一个重要分支。在大学生心理辅导课程中引入团体心理辅导，有助于更好地达成其教育目标。在大学生心理辅导课程中引入团体心理辅导时，教师应分别为学生建立心理健康档案，并针对学生具体的心理健康状态，选择适宜的辅导主题。比如说，当今大学生习惯沉迷于网络之中，缺少与社会、他人之间的必要的互动。与此同时，充斥于网络中的各种不良思潮，对学生正确思想的形成，也产生了一定程度的负面影响。因此，团体心理辅导可以此为据，开展相关主题活动，从中了解学生参与网络活动时的心理状态及其具体的行为特征，以更好地化解其心理困惑，促进其心理健康。

在高校思想道德教育中实施团体心理辅导，可以调查、反馈、讨论为其主要手段。所谓的调查，是指由学生自身针对其思想素质，以及与心理健康有关的问题而展开的相关调查。其旨在推动团体心理辅导活动的顺利开展。调查的具体内容，应由辅导者设定，或由其给出建设性意见。所谓的反馈，则是指调查者将其调查结果反馈给辅导者。反馈分为口头反馈和书面反馈；其中，口头反馈更为重要，因为口头反馈融沟通与交流于一体，与重视人际互动的团体心理辅导契合无垠。学生将其调查所得告知辅导者，这既有助于学生提升其自我表达能力，也有助于学生彰显自我价值。在这一过程中，辅导者应当自始至终认真地倾听学生的反馈，以便在接下来的讨论环节中，对其调查中所存在的问题给予相应的纠正。讨论是团体心理辅导中最为重要的一个环节。在这一环节中，辅导者应当鼓励所有学生真正敞开心扉，大胆地表达自己的真实感受，以为问题的最终解决营造和谐的心理氛围。

将团体心理辅导应用于高校思想道德教育之中，不仅能提升学生的思想素质，也能提升学生的心理素质。在高校思想道德教育中实施团体心理辅导，应重视辅导者的素质，并科学地选择辅导主题。需要指出的是，团体心理辅导虽然兼具教育功能，但在具体的辅导过程中，辅导者绝不能将自己等同于教育者，而应始终将自身定位于服务者，针对学生思想中存在的具体问题，对其开展贴心的服务式教育。只有这样，高校思想道德教育才能在春风化雨的团体心理辅导中，巧妙地达成最终目标。

三、团体心理辅导在高校适应能力培训中的应用

大学生适应能力是大学生全面发展所必备的能力之一，也是大学生团体心理辅导工作所重点改善的能力之一，更是加强大学生思想道德教育工作中重点培养的能力之一，有助于促进大学生思想品德社会化。通过在新生入学教育、学生组织建设、特殊学生群体以及课堂教学中运用团体心理辅导，可以有效地改善大学生的适应能力。

（一）团体心理辅导在改善大学生适应能力中的效果

1. 团体心理辅导在改善大学生人际交往中的效果

首先，团体心理辅导具有个体辅导所不具备的优势，它通过为团体成员营造一个互动的团体环境，使成员很容易体验到彼此之间的共性和被人接纳的感受，进而充满希望和改善的力量；团体活动中，团体的凝聚力使每一名成员都有一种风雨同舟的感觉，促使他们放开心扉、减少防卫心理；团体对每一名成员的支持和帮助更使每一名成员都感到踏实、温暖；团体心理辅导塑造了一个成员之间可以相互模仿、相互学习、相互交流的真实环境，为每一名成员提供了交往的机会，因此，特别适用于人际关系适应不良的人。

其次，团体心理辅导方案是针对学生在人际交往中出现的核心问题而设计，如：不善于表达、对他人持不信任态度、缺乏沟通技巧、性格孤僻、冷漠、多疑、团体意识不足、以自我为中心、自卑等制约大学生人际交往的常见问题。通过团体心理辅导的热身活动“相识接龙”使同学们体会主动交往的重要性，认识到逃避和压抑对自己健康人际关系发展是十分不利的，有的学生在活动后写出“朋友不是像老爸老妈是生来就有的”的感受。在“信任之旅”活动中，学生们充分感受到相互信任的重要性，两个人只有相互信任，才能并肩战斗，成为朋友，如果互相猜疑，则这种关系不会维持长久。在“扎不爆的气球”活动中，学生们掌握了人际交往的相关技能，在与人交往时要顾及他人的感受，你想让别人怎样对你，你就需要怎样对待别人，说话办事时，不应该指责别人的短处，应用欣赏、赞美的眼光来看。在“现任执行官”活动中，着重使学生体会人际交往过程中沟通的重要性，沟通不仅传递事实信息，而且也传递情感信息，信息传递是否准确，是沟通成败的

关键。

成员在参加完团体心理辅导后，在与人交往的信心、对自我和他人的接纳、乐观心态的培养、对他人的关心等方面都比团体心理辅导前有了显著的改善。成员在团体中能够无拘无束、展开自己的胸怀，同时还能倾听别人的声音、努力帮助他人解决困难，团体心理辅导后甚至有很多成员成了非常要好的朋友。

团体心理辅导的良好氛围能使成员产生一种安全、温暖、依赖、接纳的感受，当他们发觉团体内其他人员出现和自己相类似的问题，并通过积极努力克服问题，便会对自己的问题改变产生动力，进而改变其观念，而这种观念改变本身就具有良好的思想道德教育意义。

2. 团体心理辅导在改善大学生学习适应中的效果

首先，高校学生有着很好的学习基础，这些学生在高中时的学习基础相对较好，学习能力较强。但进入大学后，大学相对宽松的学习环境使得一些本身自制力差、自由散漫、怕苦畏难、缺少耐心的学生丧失了学习兴趣和动力。部分学生存在学习方法不当、学习策略不合理、学习时间管理不科学、学习目标不明确、学习效率低下、学习倦怠等问题。针对这些问题，团体心理辅导设计了“时间分割”“性命线”等环节，通过团体心理辅导前后对比效果显著。在团体中就成员共性问题进行讨论，在团体动力的推动下，获得心理支持，实践社会交往技能，并通过制定一系列的方案来管理时间，管理学习，使成员之间相互监督，创建良好的学习氛围。组员对团体心理辅导的评价较高，团体心理辅导符合大学生发展的身心需求，容易被学生接受。团体心理辅导帮助学生解决了发展中所遇到的诸多心理困惑，为他们学习新的认知与行为方式提供了良好的渠道。其次，并不是所有的成员都能够通过团体心理辅导提高学习适应能力。因此有必要针对团体心理辅导中出现的问题，适当调整团体方案。

3. 团体心理辅导在改善大学生择业适应中的效果

首先，团体心理辅导参与者确立了明确的择业目标。在中学阶段，学生有着明确的学习目标，即考上自己理想的大学。这个清晰的目标，激励所有学生克服生活中的困难与诱惑。但到了大学之后，一些学生对自己追求的目标就很不清楚，不清楚自己该考研，还是就业；以后毕业去企业做技术、做管理，还是做销售。目标的不明确使得学生在学习生活中十分忙乱，无法区别学习生活的重点，很多学生因此而迷茫。通过职业生涯规划团体心理辅导可以帮助成员确立明确的择业目标，并为这个目标而做好充分的设想和打算。

其次，团体心理辅导帮助学生实现了准确的自我定位。步入重点大学的殿堂，同学大都发觉自己已经不再是高中时代班级的宠儿，班里优秀的同学比比皆是。面对这样巨大的反差，很多同学都曾有过失落、迷茫。在参加了生涯规划团体心理辅导后，他们开始调整自己的心态，树立理性的态度来看待未来职业生涯的发展，制定合理的目标。同时也学会了自己思考和解决问题，学会了用自己的双手来规划自己的未来，增强了未来学习生活的信心。

4. 团体心理辅导在改善大学生情绪适应中的效果

首先，团体心理辅导为团体内成员营造了一个非常好的环境。通过营造这样一个相互信任的环境，引导团体中的成员围绕大家关心的话题，畅所欲言，真实地表达自己的感受，在交流中学习和分享各自的观点，达到提升自己的目的。成员在团体内能够充分得到尊重，从而使学生的情绪适应和满意度有所提高。

其次，在团体心理辅导过程中成员可以宣泄情绪、相互交流。在团体中，可以将他人作为自我的参照物，可以从其他成员的身上看到与自己相似的经历，因此，经常可以找到同感。同时也可以帮助成员了解自己的不足之处，使成员可以通过不同的角度观察自己，从而获得思想的感悟和思想的提升，这样既能增强自我的归属感和认同感，还能在释放情感的同时，对他人的情感给予理解和支持，也就是在接纳自己的同时，也接纳了别人。

（二）加强团体心理辅导在新生入学教育中的运用

刚刚跨入大学校门的新生正处在人生的一个重要转折时期，面对陌生的环境和未知的生活，理想与现实的落差，当初的新奇、兴奋、愉快、荣耀感逐渐消退，焦虑、受挫、担忧、混乱感接踵而来。如果大学新生在这一阶段不能够很好地适应，就会在以后的学习生活中，出现目标迷失等一系列问题，直接影响大学时期的生活质量。

1. 运用团体心理辅导缩短大学新生的入学适应期

通过在新生入学教育中运用团体心理辅导，发挥团体心理辅导的特殊作用，团体中的每一名成员经过互动，向彼此介绍自己、相互认识，进而诉说自己的喜怒哀乐，增进团体成员之间的感情和思想交流，打破新同学之间的陌生感，帮助新生建立良好的人际关系；同时强化感恩意识、责任意识，培养自主的行为习惯；强化团体意识、合作意识，使每一名新同学都能得到别人的关怀和支持，促进同学们之间的沟通和交流，使其对未来的大学生活充满信心，进而更快地熟悉和适应新的环境，早日全身心地投入到大学的学习生活中来，缩短入学适应期。

2. 运用团体心理辅导解决大学新生中存在的共性问题

大学新生大都处于同一个年龄阶段，在心理发展上也处于同一水平，他们在学习、生活、人际交往、自我意识及情感活动的适应过程中遇到的问题和困惑，从总体上呈现出一种普遍性和规律性。团体心理辅导的形式具有开放、活泼、生动等特点，对大学生特别是大学新生具有强烈的吸引力，学生参与的积极性较高，因此，运用团体心理辅导来解决大学新生中存在的一些共性问题是合理有效的。在活动的过程中，团体中的每个成员在接受来自团体另一个成员的帮助的同时，也可以成为帮助其他人的力量，此外，成员可以同时学习模仿多个团体成员的适应行为，从多个角度了解自己、洞察自己，帮助大学新生解决他们共同面临的困扰。

（三）加强团体心理辅导在学生思想建设中的运用

大学生思想建设是帮助学生完成社会化的重要途径，加强团体心理辅导在学生思想建设中的运用，对学生适应未来的社会角色发挥着重要作用。

1. 加强团体心理辅导在思想道德课程教学中的运用

大学生适应能力不仅要在实践活动中改善，也要在课堂教学中加以改善。目前的大学生思想道德课堂通过教学改革，已经改变了传统的单一授课方式，增加了小班讨论课，增加了教师与学生的互动环节，已经收到了较好的教学效果，但是仍有部分学生缺乏学习主动性，为此，可以将团体心理辅导引入课堂教学，提高学生学习主动性，在体验互动中引导学生成长，完善大学生的基本素质，提高大学生的适应能力。目前的大学生思想道德课程大多都同时具有理论性和实践性，对于课程中的实践性内容完全可以应用团体心理辅导的方式进行。

团体心理辅导是一项较为适合大学生特点的团体活动。在团体心理辅导中，不但有丰富多彩的游戏，而且还有同学间的感悟分享、理论探讨等环节，这种在活动中进行的交流是同学们主动愿意接受的，是他们通过自己的所思所想得到的，因此很容易消化成自己的观点，进而指导自己的行为。团体心理辅导在思想道德课堂教学中的引入将打破以前的固有模式，建立和谐、平等的师生关系，真正搭建以学生为中心的课堂，使学生获得的知识更加深刻，这将极大地增强思想道德课堂教学的开放性与实效性，同时也将弥补传统思想道德课教学的不足，使学生不但在团体中正确地认识思想道德知识，更在活动当中将道德知识转化为行为习惯，真正达到高校思想道德课教学“育人”的目的。

2. 加强团体心理辅导在大学班级建设中的运用

班级是学校开展各项教育活动的最基本的单位，也是学生思想建设的基础平台，学校的管理是以班级为依托进行的，班级建设对于大学生适应能力的改善有着深远的影响。一个优秀班级的形成一定会经历一个艰难而又细致的培养过程。当前高校学生班级较为普遍地存在着凝聚力弱、归属感缺乏的问题，导致高校学生班级的教育功能、管理功能日益弱化。如果在班级教育管理中，尝试把班集体作为一个“辅导团体”，引入团体心理辅导的理念和技术，结合辅导目的，通过一系列快乐而又有意义的游戏和活动，让学生形成自尊、接纳、合群的心理品质，一方面可达到团体心理辅导的目的，同时，也有助于营造出一个具有民主、平等、和谐气氛的班集体，促进同学交流，形成良好班风，促进学生个体和班级团体共同成长。

3. 加强团体心理辅导在党团组织建设中的运用

党团组织是大学校园中最重要的组织，是大学校园内开展各式各样活动的中坚力量，也是培养大学生适应能力的重要载体之一。一些形式单调、缺乏吸引力的活动使得党团组织的影响力和参与度都大打折扣。团体心理辅导的引入则可以很好地改善这一状况，通过借助团体心理辅导来开展党团组织活动，让广大党团员告别枯燥、单调的开会形式，转而在寓教于乐的游戏中学到有用的知识，改变个人的思想和行为，使党团组织的战斗力和凝聚力得到极大的提升。

(四) 加强团体心理辅导在特殊学生群体中的运用

学校中的贫困生、学业困难生等特殊学生群体一直是大学思想道德教育工作的重点和难点，相对于普通学生而言，他们大都在适应大学学习生活方面存在着一定的问题。为了较好地解决这一问题，针对这些特殊学生群体组织开展一些有针对性的团体心理辅导，在活动中引导贫困生消除在陌生环境中的紧张、焦虑，增进成员间的相互交流、理解与信任，增进对未来大学生活的信心。引导学业困难生在团队的感召下，产生情感的共鸣，达成共同的目标，实现日常生活中共同监督、鼓励和学习，对未来学业充满信心。

1. 运用团体心理辅导改善贫困生心理状况

从目前贫困大学生心理健康研究的结果看，贫困大学生的心理问题主要表现为自卑、人际交往障碍、抑郁、强迫、焦虑、偏执等。因此，应通过设计目标明确的团体心理辅导，并根据目标有针对性地选择最适合解决该问题的活动项目，引导团体成员参与活动，鼓励成员发表看法，启发贫困大学生进行思考。使他们能够正确认识贫困问题，全面了解自己，客观地评价、欣赏自己，做到自尊、自信、自强，真正地融入大学生活。

2. 运用团体心理辅导促进学业困难学生成长

学业困难群体在大学中占有一定的比例，是学生当中一个特殊的群体，他们往往在学习、道德品质和遵守纪律等方面存在一些问题。对学业困难学生如若教育不当，可能不利于他们的健康成长，对学校、家庭和社会都会产生不良影响。然而学业困难学生与普通学生的差距并非与生俱来，只不过是在成长过程中受到某些不良影响而形成的。如果教育者能够深入地审视学业困难学生个体身上的闪光点，适时地采用合理的方法加以引导，就可以为每个学业困难学生搭建成功的舞台。

团体心理辅导是促进学业困难学生成长的一种有效手段。在团体心理辅导中，教师不是简单地说教，而是通过活动引导学生参与，通过教师的尊重和鼓励引导学生表达自己的观点，并通过学生之间的交流、互动与分享，使学生自己做出选择，得出结论。从而改变成员对成败的认知，使之认识到能力与努力对成功的重要性；使他们明确不同的归因会带来不同的情绪反应，从而学会处理和控制情绪，提高学习效率。要让成员们明确消极的认知观会带来消极的情绪和行为，引导其将不良情绪宣泄出来，让成员了解自己的能力，帮助学生找出自己学习方面的优势，通过提供相近的学习科目方面的成功经验，让学生产生积极的信念。

尽管运用团体心理辅导改善大学生的适应能力具有很多的优势，但也必须清醒地意识到，团体心理辅导不可能完全替代现有的思想道德教育方法。团体心理辅导对参与人数和时间有着严格的限制，对场地也有着较高的要求，尤其是对团体心理辅导师的素质和能力有着严格的要求。其实，对于当前形势下的高校思想道德教育，不宜采取单独的某种工作方式，而应该博采众长，用开放的态度和与时俱进的工作理念从容地应对当前高校思想道德教育工作的新形势，从而更好地促进大学生适应能力的提高。

总之，将团体心理辅导融入思想道德教育工作中进而改善大学生的适应能力，是对当代思想道德工作者的机遇和挑战。而思想道德工作者只有迎接挑战，不断完善自己，才能在接下来的工作中创造新的辉煌。

四、团体心理辅导在高校情绪管理培训中的应用

情绪管理是从尊重人、依靠人、发展人、完善人出发，提高人们对情绪的自觉意识，控制情绪低潮，保持乐观心态，不断自我激励、自我完善。情绪管理对人们具有相当重要的意义，它不仅有利于建立和谐的人际关系、促进人们的身心健康，还有利于开发身心潜能，塑造健全人格。大学生正处在情绪发展的两极性与矛盾性并存的阶段，特别需要情绪管理。大学生情绪管理团体心理辅导是帮助大学生发展情绪管理能力的发展型团体心理辅导。要组织好这类团体心理辅导，必须掌握情绪及情绪管理的理论，把握大学生情绪管理团体心理辅导应注意的问题，并了解有关情绪的自我测试和情绪管理团体心理辅导的结构性练习。

（一）情绪管理概述

情绪管理是心理学研究中的一个新话题，要了解情绪管理，首先应大体了解关于情绪及情绪管理的心理学理论，并把握情绪、情感的概念和内容以及情绪管理的概念、内容和作用。情绪和情感是人类心理过程的一个重要方面。它伴随着认知过程而产生，并对认知过程产生重大影响。它也是人们对客观现实的一种反映形式。

1. 情绪和情感的概念

情绪和情感是客观事物是否符合人的需要与愿望、观点而产生的态度体验。人们在活动与认识过程中，既表现出对事物的态度，也表现出这样或那样的情绪或情感。现实中有些事物使人高兴、快乐，有些事物使人忧愁、悲伤，有些事物使人赞叹、喜爱，有些事物使人惊恐、厌恶。这些以特殊方式表现出来的主观感受或态度体验就是情绪或情感。

同是人对客观事物的反映形式，情绪和情感不同于认知过程。认知过程是人对客观事物本身的反映，而情绪和情感反映的则是客观事物与人的主观需要之间的关系，是一种主观的体验。对客观事物产生什么样的情绪，取决于主体与客体事物之间是一种什么样的关系，取决于主体的态度。不同的人对同样的事物，或者同一个人在不同的时间、地点和条件下对同一件事的主观感受可能很不相同。例如同样是看电视连续剧《激情燃烧的岁月》，中老年经历了那个年代，看得津津有味，而年轻人可能感觉一般。

情绪总是由某种刺激引起的。自然环境、社会环境以及人自身都有可能成为情绪刺激源。当刺激被认知时，由于认知内容与人的需要具有各种不同的关系，就产生了人对认知内容的不同态度。凡是能满足人的需要或符合人的愿望、观点的客观事物，就使人产生愉快、喜爱等肯定的情绪和情感的体验；凡是不符合人的需要或违背人的愿望、观点的客观事物，就使人产生烦闷、厌恶等否定的情绪和情感的体验。

总之，情绪和情感是人对客观事物的态度体验，而这种态度体验反映着客观事物与人的需要之间的关系。

情绪和情感都是对需要满足状况的心理反应，同属于感情性心理活动的范畴，是同一过程的两个方面。情感是对感情性过程的体验和感受，情绪是这一体验和感受状态的活动过程。情绪与情感既难以分割又有着明显区别，它们之间的区别表现在：

第一，情绪与情感的产生基础不同。情绪是与生理需要是否得到满足相联系的心理活动，情绪的产生始终与需要（特别是生理需要）、机体的活动、感觉知觉相关联。情绪是原始的，是人和动物（尤其是高级动物）所共有的。情感是与社会性需要是否得到满足相联系的心理活动，情感的产生主要与社会认知、理性观念及观点等相联系，是人类特有的心理活动。情感带有显著的社会历史制约性，是人的社会化的重要组成部分和标志。例如，饥饿时有了食物吃会很高兴，但我们不能说他产生了热爱食物的情感。

第二，情绪与情感的稳定性不同。情绪具有情境性和浅表性，它随情境或一时需要的出现而发生，也随情境的变迁或需要的满足而较快地减弱或消逝。例如，学生在重大考试之前，随着考试的临近，情绪会越来越紧张；一旦考试结束，紧张情绪就会消失。而情感是对事物态度的反映，是基于对主观和客观关系的概括而深入的认知和一贯的态度，它不仅具有情境性，而且具有稳定性和深刻性，因而是构成个性心理品质中稳定的成分。

第三，情绪与情感的表现特点不同。情绪表现有明显的冲动性和外显性，面部表情是情绪的主要表现形式。例如高兴时眉开眼笑，生气时咬牙切齿，激动时热泪盈眶，失望时垂头丧气，等等。而情感则显得比较深，经常以内隐的形式存在或以微妙的方式流露出来。例如，爱国主义情感是一种内心体验，一般不轻易表露，但对人的行为有重要的调节作用。

人类的情绪和情感虽有区别，但两者又是密不可分的。它们都是对需要是否满足所产生的体验，是同一类型的心理活动。在一定意义上，可以认为情绪是情感的外部表现，情感是情绪的本质内容。一般地说，情感的产生会伴随有情绪反应，情绪的变化又常常受情感的支配。爱国主义情感强烈的人，就常常表现出特有的情绪反应。有些心理学家把形形色色的情绪和情感统称为感情。也有些心理学家对情绪和情感两个概念不做严格区分，常常交换使用。

2. 情绪和情感的特点

情绪与情感最显著的特点是它们都具有两极性。情绪和情感有四种动力特征，即强度、紧张度、快感度和复杂度。在这四种动力特征中，情绪和情感都表现出相互对立的两极性，例如，情绪的强度方面有强和弱两极，紧张度方面有紧张和轻松两极，快感度方面有愉快和不愉快两极，复杂度方面有复杂和简单两极。

关于强度。情绪体验可以在强度的两极端“强/弱”之间有不同等级的变化。情绪体验的强度首先取决于对象对人所具有的意义，这种意义越大，引起的情绪就愈强烈。

关于紧张度。情绪的紧张度是指情绪在“紧张/轻松”两极端之间变化。紧张度既取决于当前事件的紧迫性，也取决于人的心理准备状态和个体的个性品质。事情的成败对人愈重要，则关键时刻到来时的情绪就愈紧张。当紧急事件得到妥善解决之后，人们常有轻松感。紧张一般有助于全部精力的动员和集中。它可能对活动产生有利的影响，也可能起抑制作用而使动作失调，从而妨碍活动的正常进行。

关于快感度。快感度是指情绪体验在“快乐/不快乐”两极端之间程度上的差异。悲伤、羞耻、恐惧、悔恨等是明显的不快乐的体验；而欢喜、骄傲、满意、自豪等是明显的快乐的感受。快感度与需要是否得到满足有关。事物能满足人的需要，会引起快乐的体验；不能满足需要的事物或与需要相抵触的事物，会引起不快乐的体验。

关于复杂度。各种情感的复杂程度是很不一样的。爱，包含柔情和快乐的成分；恨，包含愤怒、惧怕、厌恶等成分。有时，情感的成分非常复杂，甚至很难用言语来描述它到底是一种什么样的体验。而有的情感是很单纯的。现代心理学上，把快乐、悲哀、恐惧、愤怒看作单纯的情绪，称为基本情绪或原始情绪。在这四种最基本的情绪的基础上，可以派生出许多种不同情感的组合形式，也可以赋予不同含义的社会内容。

3. 情绪和情感的种类

人的一切心理活动都带有情绪色彩，而且情绪的表现形式多种多样。依情绪发生的强度、持续性和紧张度可以把情绪状态分为心境、激情和应激，而情感则与人的社会观念及评价体系分不开，按其内容、性质和表现方面的不同，又可分为道德感、理智感和美感。

（1）基本情绪。

快乐、愤怒、恐惧和悲哀这四种基本情绪是与人的基本需要相联系的，是不学而能的，通常还具有高度的紧张性。

快乐是个人目的达到，紧张解除后的情绪体验。快乐的程度和紧张程度取决于目的重要程度和目的达到的意外程度，如果追求的目的非常重要，并且目的的达到带有突然性，则会引起异常的欢乐，否则只能引起微小的满意。一般把快乐程度分为：满意、愉快、异常的欢乐、狂喜。

愤怒是个人目的不能达到或一再受到妨碍从而逐渐积累起紧张而产生的情绪。挫折不一定引起人的愤怒，但当人们认为其受挫的阻挠是不合理的，甚至是恶意的，则最容易引起愤怒。一般把愤怒的程度分为：轻微的不满、生气、愠怒、大怒、暴怒等。

恐惧是个人企图摆脱、逃避某种情景而又无能为力时所产生的情绪。恐惧是一种会使个体企图摆脱和逃避危险的情绪。引起恐惧的关键因素是人缺乏处理可怕情境的力量。恐惧具有很强的感染力，一个人在恐惧时，往往会引起周围人的不安和恐惧。从进化的观点看，惧怕可以作为警戒信号，有助于人逃避危险，还有利于群体的社会结合以保证安全。但惧怕具有压抑作用，对认知活动也有消极影响。严重的惧怕使感知狭窄，思维刻板，行动呆板。

悲哀是个人在失去所盼望的、所追求的或有价值的东西时所引起的情绪，由悲哀所带来的紧张释放产生哭泣，哭泣一般不超过 15 分钟，在这段时间内完全可以减轻过度的紧张。悲哀的强度取决于失去事物的价值，失去的东西价值越大，引起的悲哀也越强烈。一般把悲哀的程度分为：遗憾、失望、难过、悲伤、悲痛。

（2）情绪状态。

情绪状态分为心境、激情和应激三种。心境是一种微弱、平静而持续时间较长的情绪状态。如心情愉快、舒畅或心情烦闷、抑郁不快，在一个相当长的时间内持续下来。这种情绪状态倾向于扩散和蔓延，处在某种心境中的人，往往以同样的情绪状态看待一切事物。心境可以由对人具有某种意义的各种情况所引起。工作的顺逆、事业的成败、人们相处的关系、健康状态，甚至自然环境的影响，都可以成为引起某种心境的原因。关于引起心境的原因人们并不都能意识到，所以经常可以听到这样的说法："不知为什么这几天这么烦闷。"心境虽然由客观事物引起，但它还受人的主观意识的调节和支配。除了由当前情境产生暂时的心境外，人还可以有各自独特、稳定的心境或称主导性心境。主导心境往往与一个人的人生观密切相关。心境在人的现实生活中有重要的意义。积极的、良好的、乐观的心境能使人精神振奋，促进人的主观能动性的发挥，有益于人的健康，也有利于思想道德教育的接受；消极的不良心境使人精神萎靡、意志消沉，降低人的活动效率，有碍于健康，也不利于思想道德教育的有效开展。

激情是一种强烈、短暂，然而具有爆发性的情绪状态。狂喜、愤怒、恐惧、绝望等都属于这种情绪状态。激情是由对人具有重大意义的强烈刺激和发生对立意向冲突而过度抑制或兴奋所引起。在激情状态下，总是伴有激烈的内部器官活动变化和明显的表情动作。如，愤怒时全身发抖，紧握拳头；恐惧时毛骨悚然，面如土色；狂喜时手舞足蹈，欢呼跳跃。激情的发展大致要经历三个阶段：一是初始阶段，由于意志力减弱，身体变化和表情动作越来越失去控制，高度紧张使细微的动作发生紊乱。这时人的行为还有控制能力，受情绪体验的左右。二是爆发阶段，人失去意志的监督，发生了不可控制的动作和失去理智的行为。三是激情爆发后的平息阶段。这时会出现平静和疲劳现象，严重时甚至精力衰竭。控制激情是完全可能的。在激情发生的最初阶段有意识地加以控制，能将危害性减到最低限度。激情有积极的和消极的两种。激情的意义是由它的社会价值决定的。凡能激发人积极向上、符合社会要求的激情是积极的。这种激情通常与冷静的理智和坚强的意志相联系，能够成为推动人的活动的动力。凡对机体有害的、不符合社会要求的激情是消极的。

应激是出乎意料的紧张情况下出现的情绪状态，是人对意外的环境刺激做出的适应性反应。人们在不寻常的紧张状况下把自身各种资源（首先是内分泌资源）都动员起来，以应付紧张局面时所产生的复杂的生理和心理反应都属于应激状态。应激状态对人的活动有很大影响。有时应激引起的身心紧张有利于人全力解决紧急问题，维持一定的紧张度，保持高度警觉，有助于认知功能的发挥，使人做出平时所不能做出的大胆判断和动作。但是，有时应激所造成的高度紧张又会阻碍认知功能的正常发挥。紧张和惊恐也会导致人们的感知、注意产生局限，思维迟滞、行动刻板，正常处理事件的能力反而大大削弱。应激状态会改变机体的激活水平，特别是肌肉的紧张度、血压、腺体的分泌、心率、呼吸系统都有明显的变化。这些反应有助于个体适应急剧变化的环境刺激，维护机体功能的完整性。但是，长期处于应激状态也会引起人体生物化学保护机制的溃退，会导致某些疾病的出现。

（二）大学生情绪管理团体心理辅导的注意事项

进行大学生情绪管理团体心理辅导必须了解大学生的情绪特征和常见的情绪困扰，提高大学生对自己和他人的情绪认知能力，指导他们培养良好情绪的方法，着力辅导大学生，使他们学会调控情绪，并锤炼他们对挫折的承受力。

1. 要了解大学生的情绪特征和常见困扰

大学生正处在青年时期，他们的情绪与其整个心理过程一样正处于蓬勃发展的时期，即由不成熟迅速走向成熟，并且情绪的成熟比之认知的成熟较晚一些。大学生情绪最基本的特征是两极性和矛盾性。

大学生情绪的两极性指情绪容易从一个极端跳到另一个极端，大起大落，摇摆不定，跌宕起伏。表现在苦恼时受到激励则为之振奋；热情洋溢时受到挫折则易灰心丧气。有时常常对事物做出要么好，要么坏的绝对评价。在求知情绪上，表现为如果他们在追求知识方面取得效果，则越学越有兴趣，越学越有劲，如考上研究生、知识竞赛获大奖、出国留学等；反之，则悲伤、沮丧、压抑。在求友、求爱的情绪上，表现为如果找到心爱的对象，恋爱顺利并成功，就会快乐、高兴；若遭遇失恋，就会产生悲伤的情绪，甚至失望、绝望。

大学生情绪的矛盾性是大学生的生理与心理的矛盾、个人需要与社会满足间的矛盾、理想与现实差距的矛盾、理想的自我与现实的自我矛盾等种种矛盾冲突，带来的情绪上的反应。因此，情绪的两极性是情绪矛盾性的外化和表现形态。而这种情绪矛盾性的极端形式就是情绪的两极性。

情绪的两极性、矛盾性，往往使大学生的情绪呈现出如下特点：一是情绪体验丰富多彩。大学生处在心理未成熟向成熟发展的过渡期，他们的情绪表现出既有儿童少年时期残留下来的天真幼稚，又有成年期的深思熟虑，而两性情感的介入更使大学生的情绪表现得多姿多彩。一般认为，随着年龄增长，年级升高，社会性情感越趋丰富，更多地表现出关心他人和社会，积极思索人生的情感倾向。另一方面，不同的个体在情感发展、情绪表现上呈现出一定的差异性，男女的情绪各有自己的特点。这就使大学生这一群体的情绪体验表现出丰富多彩的特征。二是情绪波动较大。随着认知水平的提高，知识经验的积累，大学生对自己的情绪已有了一定的控制能力，情绪趋于稳定。但同成年人相比，大学生的情绪仍带有明显的波动性，时而激动时而平静，时而积极时而消极。学习成绩的优劣、同学关系的好坏、恋爱的成败等，都会引起大学生情绪的波动。三是情绪体验强烈并易冲动。大学生在外界刺激下表现出强烈的情绪体验，很容易产生冲动性情绪行为，表现得感情用事，也表现出情绪易心境化。

2. 要提高大学生的情绪认知能力

大学生情绪管理团体心理辅导的重要任务之一，是提高大学生的情绪认知能力。情绪认知是情绪管理的基础、前提，也可以说是第一步，因为没有对情绪的认识，就谈不上对情绪的管理了。情绪认知能力包括两个方面：一是对自己情绪的觉察能力，二是对他人情绪的识别能力。

（1）提高对自己情绪的觉察能力。

情绪属于一种自发性的反应，要用理智去控制它的发生很难，因此我们进行情绪管理的第一步，就是在情绪来临时，去观察并觉察自己到底处在什么情绪状态，并进一步分化辨识它，了解情绪发生的原因，恰当地表达出自己的感受。

提高对自己情绪的觉察能力，首先是运用内省法，知道自己的感受即表面情绪，并分化辨识表面情绪背后真正的需求和情绪感受，然后平静地接纳它。这就要求我们：

第一，应能及时觉察自己所处的情绪状态。也就是应时时提醒自己注意：我现在的情绪是什么？不管你处在何种负面情绪中，先暂停、中断目前的情绪，跳出来，让自己先能察觉自己的情绪，是高兴还是生气，是舒服还是不舒服。如当你因为朋友约会迟到而对他冷言冷语时，就应问问自己：我现在有什么感觉？应自我确认冷言冷语背后的情绪是生气。只有当我们认清自己的情绪，知道自己现在的感受时，才有机会掌握情绪，而不会被情绪左右。

第二，应分化辨识表面情绪背后的真实情绪感受。由于情绪本身的复杂多变，我们所直接感受或表现出来的可能是已经包装或伪装的情绪，例如以生气的方式来掩藏内心受伤的感觉等，所以我们要学习分化并辨识我们真正感受到的情绪，而不被表面情绪局限，忽略自己真正的需求或感受。当我们对情绪不够熟悉，或是不够了解的时候，常常无法明确地辨识我们所感受到的情绪。如有时候我们只能粗略地感受到不舒服、不愉快，至于那个"不舒服"是什么，却说不上来，这时候我们就需要进一步探索情绪，试着问自己：是什么让我感到不舒服？这不舒服是愤怒、悲伤、挫折、害怕、羞耻还是罪恶感？如果是接近愤怒的感觉，是不平、不满、有敌意、生气，还是愤慨呢？如果是羞耻那类的情绪，是觉得愧疚、尴尬、懊悔还是耻辱？这样一步一步引导自己，就可以将原本模糊、笼统的情绪，分化成比较具体、明确的情绪，也才能进一步利用情绪所带来的线索，加以应对。

第三，还应进一步澄清人的复杂情绪，以便清晰了解所处的情绪状态。通常人是处在一种复杂的情绪状态中，如有时会心中意念纷扰、情绪五味杂陈，整个人有心烦意乱之感，此时，就必须暂停并中断目前的情绪，冷静地进行澄清。只要情绪中夹杂着两种以上的复杂情绪，就需要进一步加以澄清，应将那些纠葛、混合的情绪抽丝剥茧，辨识出隐藏的真实情绪。理清一层层的情绪，就能比较清楚自己的情绪状态，对症下药，有效解决真正的问题。澄清情绪还能帮助人们将注意力集中于内省，有安定情绪的作用。

（2）提高对他人情绪的识别能力。

提高对他人情绪的识别能力，有助于清晰地认知自己的情绪，更好地管理自己的情绪，建立良好的人际关系，进而促进身心健康。如何提高对他人情绪的识别能力呢？

首先要了解人类情绪表现即表情的特点。表情既具有先天遗传性，又受后天的社会文化因素制约。表情是情绪所特有的外显行为，它包括情绪在面部、言语和身体姿态上的表现，称为面部表情、言语表情和身段表情。情绪表现具有先天遗传性。世界上所有的儿童在受伤或悲哀时都哭泣，快乐时都发笑。有些面部表情似乎全世界都是一样的，代表着相同的意义而和个人生长的文化无关。由于一个人的情绪表现能被别人识别，而情绪表现又具有一定的社会价值，因此，在什么情况下表示何种情绪是人们后天学会的。有时人们力图掩盖自己的真正情绪，有时甚至故意表现和内心情绪不一致的表情，有时则力图夸大或修饰自己的表情。这些现象称为情绪“表露规则”。尽管伴随特定情绪的面部肌肉运动模式是由生理决定的，但这种运动显然是受“表露规则”控制的，受社会文化因素制约的。情绪识别实际上并不是针对表情本身的，而是针对着它背后的意义。情绪识别是一种复杂的认知过程，包含观察、分析、判断、推理等。

其次要把握情绪识别的规律性。如何准确识别别人的情绪呢？情绪识别的准确度受多种因素的影响。一是从面部表情中识别。从面部识别情绪的主要线索并不在“眉目之间”，而应特别借助面部那些活动性更大的肌肉群的运动来识别。二是有些情绪容易识别，有些则较难识别。一般来说快乐和愤怒最容易识别，而对恐惧、哀痛、厌恶等的识别较困难。三是从情绪行为的前后关系中识别情绪，准确度高；而孤立地识别情绪，准确度低。四是面部表情的识别如果能和身段表情结合起来，那就更有利于准确地判断情绪状态。识别身段表情，其中双手的表情占着很重要的地位。识别双手表达情绪的准确度可以达到和识别面部表情一样的水平。在日常生活中，即使我们看不清一个人的面孔，但只要能看清他的身体动作，也能了解其情绪状态。如发抖表示紧张，鼓掌表示欢迎、快乐，紧握拳头表示愤怒，等等。五是言语表情的重要性也不可低估。同样一句话，由于说话者口气腔调的不同，往往可以使人对说话人的情绪做出相当准确的识别，而听话人的感受也因之有很大差异。六是要准确地识别一个人的情绪单凭表情是不充分的，正常成年人的情绪表现是可以随意调节的，情绪可以在没有表情的情况下生产，表情也可以在没有情绪体验的情况下出现。因此，必须结合其他指标（如当时的情境，个人的个性特征等）综合地进行比较才能准确识别别人的表情。

（3）要着力辅导大学生学会调控情绪。

情绪对人的发展影响极大，情绪的调控不仅与身心健康密切相关，而且与一个人能否适应社会、获得事业成功和更好地享受生活有紧密联系。但是对于情绪的调节和控制，并不等于简单的压抑。真正健康、高度发展和成熟的人能尽量避免不良情绪的出现，使自己经常处于良好的情绪状态。要做到自如地调控自己的情绪，必须了解情绪控制的可能性，并学习一些情绪自我调控的方法。

情绪不易控制，但并不是不可控制的。我们可以从以下影响情绪变化的因素中来把握情绪调控的可能性。

第一，从影响情绪的主观因素和客观因素看。情绪是由客观刺激引起的主观体验，可见客观的事物与主观的信念同时影响着人们情绪的变化，因此，要改变一种情绪，便可以从两个方面入手，即要么改变客观事物的性质，要么改变内心主观认知的倾向。客观事物的性质，有的是能被人们改变的。如将失败转变为成功，情绪就会由悲转喜；把危险解除，恐惧就会消失；将重要的任务圆满完成，紧张就会变为轻松；找到知心朋友，孤独就被温暖代替。而有的客观事物是不能被人们改变的，如“天有不测风云”，天晴下雨的天气可能影响情绪，但天气是不会改变的，等等。主观认知和理念则是可以改变的。如把失望看作为成功交学费，沮丧就会转为振奋；把沉重的任务、艰难的工作看作锻炼自己的机会，压抑就会变为兴奋；不用想象中的灾难和不幸吓唬自己，恐惧就会大大减轻；领悟了世间有些路必须一个人去走，就可能学会在一定程度上享受孤独。

第二，从影响情绪的先天因素和后天因素来看。每个人的确存在被先天因素决定的比较稳定的情绪反应倾向，同时也有在后天环境中通过学习获得的，可以加以改造的情绪反应倾向。影响情绪的先天因素主要有两种。一种是人的气质类型，它决定着人们的情绪反应倾向，这是不易改变的，正如俗语所说“江山易改，本性难移”。但人们可以通过了解自己的情绪倾向，接纳自己的现状，并设法扬长避短。另一种是与情绪有关的一些生理需要和感官刺激，如饮食、睡眠、性需要以及温度、光线、色彩、声音、气味、触感、运动等刺激。当人们的基本生理需要得到了适当满足时，就会产生愉快、轻松、平静等情绪；如果这些需要没有得到满足，就会产生痛苦、压抑、不安等情绪。这些生理需要和感官刺激倒是可以通过满足某些生理需要使情绪得到改善。影响情绪的后天因素则完全可以被人加以利用或改变。有很多情绪都是后天习得的，如乐观、沉稳、奋发、同情、勇敢、自豪、嫉妒、恐怖等。如父母恐吓小明“天黑不要出去，外面有大灰狼”“不听话就带你去打针”，久而久之，小孩对天黑和打针这些本来无所谓的事物产生了恐惧，心理学家称这是“习得的恐惧”。后天人们所处的环境、受到的教育、社会家庭的影响、个人的生活经历，都可能导致人们情绪倾向的明显改变。如一场致命的打击也许会使一个人自暴自弃，从此一蹶不振；而一个一向紧张胆怯的人在实现了一次从未有过的成功的自我表现之后，也许会变得坦然镇定了很多。这些后天因素都是可以被创造、利用或改变的。

第二部分

活动实务篇

第五章　梦开始的地方——适应新环境

第一节　适应的相关理论

初入大学校园，每位大学新生都对未来的美好生活充满了憧憬与渴望，然而开始大学生活之后，他们会强烈地感受到理想与现实的巨大反差，许多新生很快发现各种各样的烦恼以意想不到的方式一同涌来。新生入学适应的问题集中在学习适应、生活适应、环境适应、人际关系适应、心理适应等方面。

在生活适应方面，大部分新生需要面对地域环境与文化差异的冲突，他们的语言口音、饮食口味、住宿环境等方面都需要面对较大变化。他们远离家乡，感受到新的地域文化，这在跨南北地域的新生身上表现得较为明显。在人际关系方面，大学新生面临着维持已有人际关系与发展新人际关系的双重社交任务。在学习心理方面，大学新生在军训之后便正式投入课程学习中，由原来的“被管理者”转变为“自我管理者”，在学习方法等方面存在与中学时期的较大差异，这些变化都对大学新生提出挑战。在自我意识方面，大学新生正处于自我同一性形成的重要时期，自我意识迅速增强。同时需求层次不断提高，希望独立自主发展，从中得到激励、自信和归属感。

对大学新生来说，尽快地适应校园的生活和学习，是跨入大学校门需要走好的第一步。因此，采取合理的方式，帮助大学新生认识、熟悉、适应变化的环境，维持心理健康，增强勇气和信心，是大学心理健康教育的重要课题，也是大学新生入学教育的重要内容。

大学新生适应团体辅导的目的就是为帮助新同学熟悉和适应环境；了解自我、悦纳自我；培养新生的主动、自主的行为习惯；提高新生的人际交往能力，提升合作意识，促进高凝聚力的大学班集体的形成。

一、勒温团体动力学理论

场是融行为主体及其环境为一体的整体，场的整体性在于场内并存事实相互依存和相互作用的关系。在团体活动中，成员经过互动，彼此诉说自己的喜怒哀乐，从而增进成员之间的感情和思想交流。这时，如果彼此发生认同，互相满足心理需要，就会产生亲密感和相互依赖感，加大成员之间的相互吸引和团体对成员的吸引。在这样的团体中，成员心情愉快，精神振奋，行为、认知、情感一致，凝聚力就高。相反，如果团体成员经过交流，在思想上、情感上不能产生共鸣，或有严重分歧、冲突，相互不能满足心理上的需要，成员感到心情压抑、相互离异，团体对成员的吸引力必然小，凝聚力自然很低。

二、马斯洛的需要层次理论

人类的需要包括生理需要、安全需要、爱与归属的需要、尊重的需要，这些都是人生存过程中不可缺少的。爱与归属的需要包括两个方面的内容：一是友爱的需要，即人人都需要伙伴、同事之间的融洽关系，保持相互之间的友谊和忠诚；人人都希望得到爱情，希望爱别人，也渴望接受别人的爱。二是归属的需要，即人都有一种归属于一个群体的感情，希望成为群体中的一员，并相互关心和照顾。感情上的需要比生理上的需要更细致，如果一个人在这一方面的需要没得到满足，就会产生孤独感和被遗弃感。一个好的社会要发展、要健全，就必须满足人的这一渴望。同理，一个好的团体要发展、要健全，也要满足成员的这一需要。

三、埃里克森的心理发展观

埃里克森认为青年期主要面临的问题是自我同一性，同一性混乱具体表现为自我认识不全面、不客观、自我目标不明确，自我与环境适应不良、由此导致了自我认识偏差、自卑、人际关系不良、生涯规划不明等一系列迷失性问题，主要表现为孤独、自我封闭、迷茫、恋爱关系的不适应等。新生刚走进一个完全陌生的环境，远离了朋友和家庭。心中的孤独和失落、对未来生活的不确定性都会让他们心理缺失，引发焦虑和放任行为，及时正确引导和排解，有助于新生更快更好地适应大学生活，让自己的人格和心理积极健康地发展。

四、人际交互作用理论

美国精神分析学家柏恩在20世纪50年代创立。柏恩将人的自我状态分为三种：父母状态、成人状态和儿童状态。这三种状态存在于所有的人身上，与年龄、角色无关，而是不同的心理状态，简称PAC理论。交互作用分析理论着眼于人与人之间的互动、沟通和研究，非常适用于团体咨询。在团体中，成员可以观察到他人的变化与示范，逐渐了解自己的人格结构，并学会如何与他人沟通。

五、个人中心治疗理论

该理论由卡尔·罗杰斯在美国创立的一种由心理咨询与心理治疗发展而来。罗杰斯认为构成尊重、平等、协调的治疗关系的核心是治疗者的三种个人特质或基本态度：真诚、无条件的积极关注和共情。个人中心治疗理论的创立为团体心理咨询指导老师树立民主、宽松的团体氛围打好了基础。

第二节　团体辅导设计方案

一、团体辅导设计

（一）团体目标

帮助新生尽快熟悉人际环境，增进新生的自我认识和接纳。通过分享个人经历、感悟个人价值，建立良好的人际关系。帮助新生获得适应新环境需要的技巧，彼此尊重、接纳不同。增强合作意识，增强集体凝聚力。帮助新生将获得的经验和技巧应用于生活实践，改善学习生活状况，为今后的大学学习和生活打下良好的心理基础。

（二）团体对象

团体成员为在校大学新生，希望能尽快适应大学生活，成员要有比较强烈的认识自我和他人的意愿，有共同成长和交往的意愿，能认真地对待团体活动，性格友善坦诚，能和他人和睦相处。

（三）团体时间及次数

共进行 5 次团体活动，每次团体活动的时间为 70～90 分钟。

（四）招募方式及人数

利用海报、传单或校园媒体平台宣传招募，报名者填写“团体辅导报名表”。团体成员：16～24 人。

（五）团体领导者

指导老师一名，协助者一名。

（六）团体辅导框架

表 2　适应新环境团体辅导框架表

方案	活动	目标	主题活动	备注
一	相逢是缘：团队初识	认识团体目标 达成团体规则 成员相识 体会团体力量	微型演讲 名字叠罗汉 萝卜蹲 解开千千结	家庭作业：每人准备 3 分钟自我介绍，分享入学以来令自己印象最深刻的事情
二	缘来一家：团队建设	增进团体的信任 增进团体归属感与凝聚力 团队合作任务 融入团队共同建设	漫步相知 天使在身边 你是我的眼 幸福的一家	

（续表）

方案	活动	目标	主题活动	备注
三	独特的我：接纳包容	引导成员肯定自我 帮助成员学会接纳他人 体验成长过程	轻柔体操 自我画像 寻人启事	
四	小荷才露：角色转变	描绘理想中的大学 带领新生进入新角色 主动性和创造性设计	彩色的我 印象大学 我是过来人 我的大学生活	提前联系参加第三模块活动交流的高年级同学家庭作业：思考什么是大学？如何度过大学生活？
五	梦想成真：时间管理	提高时间使用效率 思考成长 分享感受 结束团体辅导	扮时钟 时间馅饼 毕业典礼 真情告白	
团体辅导效果评估				

二、团体辅导实践方案

（一）方案一：相逢是缘——团队初识

总目标：主动介绍自己和成员相识，引发个人参与团体的兴趣；增进成员彼此了解，体会团体力量对个人的重要性；介绍课程总体目标和开展方式；表达你对课程的期望；共同签订团体规范。

主题活动：微型演讲；名字叠罗汉；萝卜蹲；解开千千结。

时间：60～80 分钟。

过程：

1. 微型演讲

目的：让团体成员快速了解指导老师、了解团体辅导的目的和参加方式。

时间：15 分钟。

内容：指导老师个人介绍，团体目标参加人员，与团体辅导相关的个人经历分享。

准备：多媒体演示。

操作：

（1）指导老师通过 PPT 做简单的自我介绍。

（2）指导老师为团体成员说明团体规则，讲解团体辅导的目标和参与方式，为团体成员做出示范。

（3）指导老师提出团体活动的要求：守时、坦诚开放真诚、不评价批评他人，尊重他人不同的想法，保密。

2. 名字叠罗汉

目的：认识团队中的每一个人，体验在人际交往中关注和倾听的重要性。

时间：15 分钟。

操作：

（1）形成团队小组。自由分组，请全体成员站成一圈，按照一、二、三、四报数，所有报一的为第一组，依次为第二、第三、第四组。人数少的时候可以分为两组或者三组，一般 6 ~ 8 人为一组。

（2）指导老师介绍活动规则：所有学员围成一圈，任意选取一位学员开始自我介绍，介绍中必须包括姓名、籍贯和爱好。如：我是……来自……喜欢……依次类推，直到全部成员完成自我介绍。

3. 萝卜蹲

目的：通过互动活动，活跃气氛，提高团体成员的课堂注意力，在扮演不同的角色时融入团体。

时间：15 分钟。

操作：

（1）指导老师随机在团体中抽取若干名成员，在活动室中间站成一排。

（2）每个人代表某种颜色的萝卜，如红萝卜、紫萝卜、白萝卜、粉萝卜、绿萝卜等，由指导老师来喊口号，如喊“粉萝卜”，则扮演粉萝卜的成员就要马上不停地蹲下起立，并大声喊口号：“萝卜蹲，萝卜蹲，粉萝卜蹲完，紫萝卜蹲。”这个时候，被点到的相应颜色的萝卜扮演者就要立即做出同样的动作，以此类推。

（3）如果在中途某个成员出现错误，或者反应太慢，就要被淘汰，剩余的成员继续，直到剩下最后一位成员。

（4）指导老师请最后一位成员谈活动感受，指导老师引导，并切入主题。

（5）指导老师注意事项：活动环节应把握时间节奏，参加的人数应加以控制。如果时间有限，可以由指导老师总结后直接进入下一个主题活动。

4. 解开千千结

目的：通过活动，使成员体验人际关系的错综复杂，体会相互帮助才能顺利渡过难关，帮助成员了解及时沟通的重要性和团队协作对团队成长的意义，增强团队凝聚力，让成员学习和体会团体之间的协调和配合。

时间：15 分钟。

操作：

（1）指导老师让全体成员手拉手围成圈，让大家认清自己的左手和右手分别拉的是哪位同学，然后松手。

（2）指导老师说口令“开始”，大家开始自由走动，指导老师说口令“停”的时候，大家开始寻找自己刚才左右手拉的成员，这样就形成了一个错综复杂的结。

（3）指导老师然后要求成员在不松手的情况下，想办法把这个“结”解开。比赛活动结束后，团体成员一起解结。解开后给自己和队友一个热情的掌声。

（4）注意事项：在游戏过程中，如果很久“结”都没有解开，指导老师可以允许某两只相邻的手断开一次，但必须马上封闭。在整个活动中要求成员注意安全，不要过分地推挤。

（5）团体成员回到各小组交流分享一起解开结的心理体验。

5. 总结

时间：15 分钟。

准备：团体契约《我们的约定》（附件 1）。

操作：

（1）协助者发放团体契约给每个组。团体成员讨论团体契约，每组派一名代表分享讨论的结果。

（2）全体成员签订团队契约《我们的约定》。

（3）发放团体辅导成员名册给每位成员（附件 2）。

（4）指导老师总结本次团体辅导的成果。

6. 家庭作业

指导老师请每位成员准备一分钟的自我介绍，分享一件入学以来令自己快乐或印象深刻的事件，在下一次团体辅导中分享。

附件 1：团体契约《我们的约定》

为了我们在小组中的共同目标，我们达成如下约定。

我们是有勇气的探索者：

在团体中拿出勇气，开放自我，摒弃成见，全情投入；积极主动地分享自己的经验与想法。

我们是积极的行动者：

认清、尊重和抒发自己的感受，选择令自己舒适的方式，不强迫自己在尴尬、不情愿的情况下表达出来。

尝试所学的技巧，尽全力完成任务。

我们是好的倾听者与回应者：

尊重其他伙伴的发言，在他人谈话时能仔细安静地聆听，并能给予真诚的回馈。

我们是热诚的鼓励者：

乐于给予其他伙伴正向的鼓励与肯定。

我们是负责的参与者：

准时出席小组，不迟到、不随意请假，完成小组布置的作业。若有事不能参加，应设法通知小组。

我们是忠诚的保密者：

不把团体中发生的事情以及成员分享的内容与团体外的其他人讨论，尊重别人的隐私。

立约成员签名：________

立约日期：________年________月________日

附件2：团体辅导成员名册

姓名	专业	学号	联系方式	邮箱

（二）方案二：缘来一家——团队建设

总目标：通过团体互动，增进团体的信任感，增强团体归属感和凝聚力，全体成员共同合作完成任务，共同建设团结友善的团体，帮助大学新生尽快适应大学生活，建立起稳定的安全感和归属感。

主题活动：漫步相知；天使在身边；你是我的眼；幸福的一家。

时间：60～80分钟。

过程：

1. 漫步相知

目的：促进成员相互熟悉，融入团体，调动团体氛围。

时间：10分钟。

操作：

（1）指导老师请团体成员在场地内自由漫步，寻找你不熟悉的同学，相互交流两分钟，首先自我介绍，接着相互分享进入大学以来令自己印象最深刻的事情。当听到指导老师说“换人”时，继续自由漫步，寻找下一个你不熟悉的同学，继续进行自我介绍，聊一聊喜欢看的书或电影、动漫作品或者谈一谈选择大学和专业的考虑和想法。

（2）两分钟后，指导老师说“换人”，离开刚才交谈的同学，继续自由漫步，找到下一位你不熟悉的学员。

（3）所有成员回到小组内就座。

2. 天使在身边

目的：帮助成员敞开心扉走出自我，主动关注他人，迎接伙伴，享受心灵交流、彼此合作的喜悦，相互体验被认可、被接受的温暖，增进团体归属感与凝聚力。

时间：10 分钟。

准备：彩色纸、笔、纸箱。

操作：

（1）指导老师：天使在身边，谁是你的天使？请让每一个小主人知道自己的小天使是谁。

（2）指导老师给每位成员发放一张彩色纸，在纸上写上自己的姓名、生日、爱好、专业等，尽可能让别人通过所写的内容对你有所了解。

（3）随机请成员发表自己的感受。小主人可以说一说有人无私地对自己好，是怎样的感动。小天使可以讲述自己在团体活动中体会到的无私奉献的快乐。小主人向自己的小天使送上一份小礼物，以表示感谢。

（4）每位成员将自己的信息纸条投入纸箱。

（5）所有成员按组有秩序地从纸箱里随机抽取一张纸条。小心打开纸条，纸条里的成员就是你的小主人，你就是他（她）的天使，请你保守这个秘密。

（6）在未来的若干次团体活动中，作为小天使的你要无条件地从各方面为你的小主人考虑，无私地关心他（她）。但是，却不能让他（她）知道。如果小主人从平日的蛛丝马迹里面猜到了自己的小天使是谁，也不能说出来，继续接受小天使对你的奉献。

3. 你是我的眼

目的：增进成员相互了解，体验人际支持的重要性，感受信任与被信任，促进合作与融合，让成员们配合完成任务以训练合作能力，并在合力完成任务的同时，使团体成员在不知不觉中相互了解，培养默契。

时间：20 分钟。

准备：行走路线、助手、设置障碍物、眼罩。

操作：

（1）指导老师导入：团体成员通过一、二报数分为两类，报一的做盲人，报二的做帮助者（拐棍）。另外再安排两三个成员助手作为线路设计者、观察者、监督者。按照助手设计“盲行”路线。指导老师适当引导，设计阻碍，如上楼、下楼、拐弯、下坡、其他障碍物等。在整个路线的关键或者隔一段路程安排一个成员助手引导、观察和监督，同时关注各小组的安全。

（2）盲人蒙上眼罩，原地转 3 圈，然后在帮助者的搀扶下，沿着设定的路线，绕室内外活动。期间不能讲话，体验各种感觉。

（3）盲人和帮助者互换角色，更换“盲行”路线，并且要求盲人在没人搀扶的情况下通过自我摸索进行盲行，而帮助者则在旁边用语言引导，在必要时可以用手拉一把，防止盲人出现危险。

（4）活动结束后团体成员交流帮助他人和被帮助的感觉以及两次活动的不同感受。

（5）注意事项：在活动过程中，指导老师要强调安全问题，场内不要用尖锐物体做道路。设计路线和设置障碍时既不能太复杂，也不能太简单。活动设计要有针对性，注意成员在情境中的感悟和成长，注意控制游戏时间。

4. 幸福的一家

目的：通过团队共同完成绘画任务帮助成员表达自己的情感，让成员之间充满爱和关心，优化人际关系，形成和睦的团队氛围。

时间：30 分钟。

准备：大白纸、彩笔、一幅面积较大的心形彩纸，原则上要能够把各种设计作品都容纳进去。

操作：

（1）指导老师引导语：现在，我们所有人是一个大家族，大家族里共有几户小家（几个小组就是几个小家），每一家都要通过自己的辛勤劳动，为整个家族增光添彩。请每家设计出一个作品，所有作品完成后汇聚到心形的彩纸上，形成一幅完整的家族幸福生活美景图。

（2）各组用 15 分钟时间商讨并制作完成幸福生活美景图。

（3）时间到！请每组派两名代表将本组的生活美景图设计到大家族生活美景图中。

（4）请每组派一名代表解读本组的幸福生活美景图。

（5）指导老师总结：这是以小组为单位，需要各组和全体成员齐心协力才能完成的任务，充满着祝福和对未来美好向往的愿景。当我们在欣赏这幅美景图的时候，内心的荣誉感和参与感都会得到极大的提升，会有强烈的团体归属感。

5. 成果与分享

时间：10 分钟。

操作：

（1）指导老师带领成员体会本次活动，在“漫步相知”过程中分享讨论面对不熟悉的同学，你是如何有勇气表现自己的？在表达过后是否感受到团队的融洽和团体的力量？

（2）指导老师鼓励成员分享“天使在身边”环节，你想对自己的天使说什么？你作为别人的天使，将来要怎么做？

（3）指导老师提问成员在“你是我的眼”扮演角色过程中的感受有哪些？想对自己的队友说什么？

（4）指导老师与成员分享“幸福的一家”活动后，团队意识如何培养？怎样能促进团队凝聚？

（5）鼓励成员建立 QQ 群或微信群，通过网络平台提升团体凝聚力和归属感。

6. 总结

指导老师要有足够的耐心、花时间和精力去孵化和培育成员们的独立意志和协作精神，注重游戏活动的规则与内容的适当调整，注重在体验活动过程中的引导讨论。

（三）方案三：独特的我——接纳包容

总目标：引导全体成员肯定自我，帮助成员学会接纳他人，在活动过程中体验成长过程。

主题活动：轻柔体操；自我画像；寻人启事。

时间：70～80 分钟。

过程：

1. 轻柔体操

目的：让团体成员活动身体，逐渐进入团体活动中。

时间：5 分钟。

操作：

（1）全体成员围成圈，后面的人给前面的人按摩敲背，一分钟后集体向后转，调换角色。

（2）放松舒展活动后各自回到原来的小组。

2. 自我画像

目的：通过自我画像，让成员进一步认识自己，展示一个“内心的我”。通过分享交流，成员读懂你、我、他（她），促进彼此的理解。

时间：20 分钟。

准备：若干只彩色笔、A4 纸。

操作：

（1）协助者发给每位成员一张 A4 白纸，彩色笔放在活动场地的中央，需要者自己取用。

（2）指导老师布置任务在 10 分钟内，每人在白纸上画一幅“自我画像”。说明每个人都通过自画像的形式向他人展示一个心中的“我”，这可能是一个公开的我，也可能是一个隐蔽的我。每一幅画都包含一个秘密、一段经历。今天我们展示出来的目的是与人交流，在交流中解读故事。

（3）指导老师温馨提示：“自画像”可以是形象的肖像画，也可以是抽象的比喻画；可以是一色笔画成，也可以是多色笔画成。有的成员可能会因为自己的绘画技能差而感到为难，但是，这不是绘画比赛，只要求画的内容、形式等形象地反映对自我的认识。

（4）10 分钟时间到！请小组内依次分享交流“自画像”的含义。

（5）指导老师巡视交流现场，发现典型案例后邀请该学员在全体学员中分享。

3. 寻人启事

目的：引导成员尝试初步的人际交往，尝试接受、描述自己的容貌特征、兴趣爱好、性格倾向、家庭现状，帮助成员学会根据他人提供的特征，捕捉信息，观察他人。

时间：30 分钟。

准备：笔、A4 纸、大白板。

操作：

（1）协助者发给每位成员一张白纸。

（2）指导老师布置填写的要求，在团体中选择一位你印象深刻的成员，根据他（她）

在之前团体活动中的展现，写出与他（她）特征相对应的“寻人启事”并署上自己姓名。

（3）每位成员将自己写的“寻人启事”张贴在活动室墙上（张贴时注意不能挤在一起，保持适当距离）。

（4）全体成员查看寻人启事，并揭下一张他人的“寻人启事”。

（5）根据“寻人启事”，成员找到对方后，并与之交谈。

4. 成果与分享

时间：15 分钟。

操作：

（1）指导老师请每组成员推荐一个有创意、有特点的“寻人启事”，在团体中分享。

（2）指导老师和成员共同回忆本次活动的主题——独特的我、接纳包容，通过自我画像学会展示一个“内心的我”。通过“寻人启事”帮助成员学会根据他人提供的特征，捕捉信息，观察他人。通过开放自己、接纳他人、观察他人，以开放的心态面对大学学习和生活。

（四）方案四：小荷才露——角色转变

总目标：带领成员在体验中深刻感悟自我，描述理想中的大学生活；通过高年级同学的介绍帮助新生进入大学生角色，寻找新的人生方向，尝试确立发展目标，促进自我成长；激励成员发挥主动性和创造性，设计自己的大学生活。

主题活动：彩色的我；印象大学；我是过来人；我的大学生活。

时间：60 ~ 100 分钟。

过程：

1. 彩色的我

目的：促进成员融入团体，活跃团体气氛，引出角色转变的主题。

时间：15 分钟。

准备：各种颜色和形状的彩纸，颜色和形状各 6 ~ 8 种。

操作：

（1）指导老师请团体成员选择自己最喜欢的颜色和形状的彩纸，5 分钟的时间在纸上画出自己最喜欢的动物、植物或物品。

（2）五分钟到！请选择同一颜色的同学组成一组，交流喜欢这种颜色的原因，分享最喜欢的动物、植物或物品及内心想法或故事。

（3）时间到！再请选择同一形状的同学组成一组，交流感受。

（4）在彩纸上写一段感悟的话或最喜欢的名言，并签名，贴到教室的墙壁上，回到原小组就座。

2. 印象大学

目的：成员共同参加讨论，表达自我，收集成员心目中大学的形象。

时间：15 分钟。

准备：大白纸、笔、大白板。

操作：

（1）小组讨论“印象大学”。每个小组选择一人记录，大家共同描绘心中的大学，可以配上图画，也可以用文字描述。

（2）将小组的意见整理或者绘画到一张图纸上，张贴在大白板上。

（3）每个小组派一名代表就本组的文字或图画进行说明和分享。

3. 我是过来人

目的：通过高年级同学介绍大学生活，给成员对大学生活以全新的认知，帮助成员明晰方向，尽快进入角色，把对大学生活和学习的心理期待转化为心理预备，树立目标。

时间：30 分钟。

准备：提前预约 3 ~4 位高年级优秀学生代表参与活动。

操作：

（1）邀请高年级优秀的学生代表，深入各小组与成员交流大学生活。

（2）小组交流后，每位学长学姐给予学弟学妹希望和建议。

（3）团体分享：每个小组选一名代表交流心得体会。

4. 我的大学生活

目的：帮助成员结合自身实际制订大学生活计划，尽快转化角色，树立目标，以饱满的热情和昂扬的信心进入大学生活。

时间：20 分钟。

准备：A4 纸、笔

操作：

（1）协助者给每人发一张白纸。

（2）指导老师引导成员思考，自己心目中的大学和学长学姐根据实际经历所讲述的大学有哪些差异，如何适应这些差异，调整自己的状态进入大学生活。

（3）请每位成员根据自己的兴趣爱好、特质，写一份大学生活的计划书。计划书要求分为若干方面，尽可能详细地表述自己的期望和想法。

5. 成果与分享

时间：20 分钟。

操作：

（1）每个小组选派一名代表分享自己的大学计划书。

（2）指导老师总结。在成员充分感受、体会大学生活的丰富多彩之后，成员的角色认知逐渐明确，就要进一步确定方向和目标，引导成员相互讨论、探索，制订出一份符合期望的大学生活方案。

（五）方案五：梦想成真——时间管理

总目标：引导成员了解时间的宝贵，认识到时间管理的重要性。帮助成员树立和反思自己利用时间的情况，学会时间管理的方法。提高成员珍惜时间的意识，养成充分运用时间的习惯，有效地管理自己的时间，提高生活质量和学习工作效率。

主题活动：扮时钟；时间馅饼；毕业典礼；真情告白。

时间：60～80 分钟。

过程：

1. 扮时钟

目的：活跃团体气氛，促进成员融入团体，引出时间管理的主题。

时间：15 分钟。

准备：时钟模型、长度不一的三根棍子。

操作：

（1）协助者在白板或墙壁上挂一个大的时钟模型，分别将时钟的刻度标识出来。

（2）指导老师请三位成员分别扮演时钟的秒针、分针和时针，手上拿着三根长度不一的棍子，在时钟前面站成一纵列（注意是背向白板，扮演者看不到时钟模型）。

（3）请成员任意说出一个时刻，比如现在是 3 时 45 分 15 秒，要三个扮演者迅速地将代表指针的道具指向正确的位置，指示错误的人表演一个节目。

2. 时间馅饼

目的：解析自己的时间管理，提高时间的使用效率。帮助成员做好目前的时间规划，并制订合理的时间安排。

时间：15 分钟。

准备：A4 白纸、笔、剪刀、尺子、时间馅饼图（附件 3）、演示“时间管理的十一条金律”（附件 4）。

操作：

（1）协助者给每位成员发放时间馅饼图。

（2）指导老师请成员根据自己一天生活的平均活动状况，将各类活动所花费的时间按比例在圆内画出。圆内每格代表一小时。成员以圆心为基点，划分出平时睡眠、学习、运动、吃饭、上网、校园活动、社会实践等所占据的时间。

（3）小组成员讨论：自己的时间安排是否合理？有没有可以改进的地方？

（4）指导老师：请学员们再思考自己个人期望的时间安排，请画在另外一个时间馅饼里。

（5）指导老师请小组成员将理想的时间馅饼图，与事先画出的时间馅图饼作对比，并思考对比的结果。

（6）协助者演示，指导老师讲解“时间管理的十一条金律”

3. 毕业典礼

目的：通过活动使团体成员意识到时间的流逝以及自己成长的方向，更加珍惜大学时光，利用好宝贵的学习时间。

时间：15 分钟。

准备：学士学位服若干套。

操作：

（1）指导老师请团体成员默想 3 分钟：虽然我才进入大学，但是，“逝者如斯夫，不舍昼夜”，毕业典礼上的我是什么样子的？毕业后将会做什么职业？

（2）指导老师温馨提示：在默想过程中，请尽可能地想象更多的细节，提升内心感受。成员在发言过程中大家保持安静，认真聆听。

（3）默想完毕，每位成员在小组内畅谈自己的感受以及今后的学习生活打算。

（4）每组选派 1 名代表，穿上学士学位服，将自己的目标与成员分享交流。

4. 真情告白

目的：通过活动处理成员的离别情绪，结束团体辅导，鼓励成员将团体辅导中学到的技能运用到今后的学习和生活中，带着勇气和信心迎接全新的大学生活。

时间：15 分钟。

准备：彩纸、双面胶、彩色笔。

操作：

（1）请全体成员相互在背后用双面胶贴上一张彩纸。

（2）请小组成员相互在背上写上祝福或者建议。祝福和建议尽量具体化，不要泛泛而谈，真诚地给予成员帮助和期望。

（3）指导老师统一口令，全体成员将背上的彩纸取下仔细阅读和体会。

5. 成果与分享

时间：15 分钟。

准备：歌曲《我相信》。

操作：

（1）协助者播放歌曲《我相信》。

（2）指导老师鼓励成员思考大学生活方式和提高大学学习动力，不辜负青春时光，积极适应大学生活，未来会有很多挫折，但也有很多精彩，希望成员们带着自己的梦想在大学里扬帆起航，在大学毕业时都能体会自己有一段无悔的大学光阴。

（3）请每位成员填写团体辅导效果评估表（附件 5）。

（4）所有参加人员集体拍照留念。

附件 3：时间馅饼图

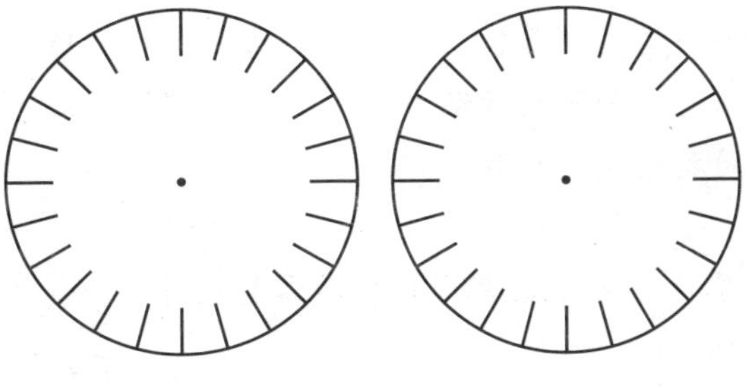

附件4：时间管理的十一条金律

金律1：要和你的价值观相吻合。

金律2：设立明确的目标。

金律3：改变你的想法。

金律4：遵循20:80定律。

金律5：安排“不被干扰”时间。

金律6：严格规定完成期限。

金律7：做好时间日志。

金律8：理解时间大于金钱。

金律9：学会列清单。

金律10：同一类的事情最好一次把它做完。

金律11：每一分每一秒做最有效率的事情。

附件5：团体辅导效果反馈调查表

指导语：这是一份关于团体辅导的调查问卷，答案没有正确错误之分，请如实回答。

年级：__________　专业：__________　团体辅导主题：__________

1. 您认为此团体辅导效果如何？

□非常好

□好

□一般

□不好

□非常不好

2. 您喜欢此次团体辅导的哪种活动形式？

□个人活动

□团队活动

□集体交流

□个人分享

□老师讲演

□其他

3. 通过此次团体辅导，您的主要收获有哪些？

□各方面能力得到提升，使我人生目标更明确

□有一定启发，掌握一些认识自我、自我调控的方法和技巧

□有所了解自己，但还缺乏一些行动力

□跟原来差不多，问题还未得到解决

□其他

4. 通过团体辅导，您认为自己还有哪些方面需要提升？

□自我认识能力

□人际交往能力
□目标规划能力
□学习能力
□时间管理能力
□挫折承受、自我调节能力
□团队合作能力
□其他
5. 您还希望参加哪些团体辅导？
□生命教育
□人际交往
□生涯规划
□自我认识
□学习能力
□时间管理
□团队合作
□恋爱成长
□其他
6. 你想把此次团体辅导中的哪些活动引入班级活动中？
7. 您会推荐其他同学参加类似这样的团体辅导吗？原因呢？
8. 您对以后的团体辅导有什么建议？

第六章 天生我材必有用——自我意识

第一节 自我探索理论分析

两千多年前，古希腊人就把“认识你自己”作为铭文刻在德菲尔神庙的门柱上。“认识自我”，即自我探索，是个体意识发展的高级阶段，是个体对自己存在状态的认知，是人格的自我调控，是个体人生观、世界观、价值观在形成过程中与现实冲突并自我调整的过程。

认识自我，是我们每个人自信的基础和依据。一个人在自己的学习、生活、工作经历中，在自己所处的社会环境中，能否真正认识自我，肯定自我，塑造自我形象，把握自我发展，如何抉择积极或消极的自我意识，将在很大程度上影响或决定一个人的前程和命运。

大学阶段是个体自我意识急剧增长、迅速发展和趋于完善的重要时期，处于青春期的某些大学生由于没有形成对自我的正确认识，而导致了不良的生活体验及情绪，这些会严重阻碍他们的发展。开展大学生自我探索的团体辅导，对于帮助学员拥有自信、自尊、自爱，正确认识自我、接受自我、悦纳自我，挖掘个人潜能，具有重要意义。

一、詹姆斯的自我论

美国心理学之父威廉·詹姆斯是关注自我研究的最坚定的早期倡导者。詹姆斯将自我经验分为三个部分：物质我（与周围物质客体相伴随的躯体我），社会我（关于别人对自己的看法的意识）以及精神我（监控内在思想与情感的自我）。詹姆斯认为，一切与自身相关的事物都会在某种程度上成为自我的一部分。

二、弗洛伊德的自我论

奥地利精神病学家弗洛伊德于20世纪初提出的人格结构理论认为，人格是由本我、自我和超我三部分构成的。自我与外界发生联系，能根据现实的原则代表外界的要求，是自律的适应作用、防卫作用和综合作用的主体，具有认识、判断与执行的能力。自我的重要任务是满足本我的欲望，是本我的真实奴仆，但也想根据现实原则来“控制”和“约束”本我。可见，弗洛伊德的自我概念是在生物学基础上，因后天的经验与生物性的成熟而成长起来的，它来自个体外部客观的观察，是个体精神机能的主体之一。

三、奥尔波特的自我论

美国心理学家奥尔波特整理了一些学者关于自我的论述，把自我分为八类：把自我理解为主体的自我、作为被认识到的客体的自我、作为原始的利己心的自我、作为控制冲动的自我、作为精神过程接受者的自我、作为追求目标者的自我、作为行为体系的自我、作为文化主体的自我等。从奥尔波特的分类中可以看出两点：一是自我概念内涵的多样性；二是他没有提出分类的根据与标准。

四、米德的自我论

美国社会心理学家米德从奥尔波特对自我的分类中挑选了第一类和第二类加以展开。他把自我分为两个成分；一是作为主体的我（I），二是作为客体的我（me）。作为客体的我接受着主体的我的命令与态度，使自身符合社会的要求；而作为主体的我则随时随地根据社会规范而实现对主体的我的调节。他认为，自我的这两个方面是通过社会交往逐渐被分化而明确起来的。

五、哈特曼的自我心理学

奥地利心理学家哈特曼是自我心理学之父，对近代自我心理学的建立和发展有着重大影响。在其理论中他谈到自我的综合功能、自我心理过程以及自我防御机制，最重要的是哈特曼提出了自主性自我的概念。哈特曼认为自我在生命的早期是未分化的，是和本我同时存在的，而且二者在其内在倾向方面都有其各自的根源与独立发展过程，自我过程也并不是由性和攻击的中和性能量所推动，自我过程并不依赖于纯粹的本能目的，即自我过程并不都是为了满足个体的本能需要，而是有着不同于本能的目标。哈特曼还论述了自我防御机制，认为自我防御机制并不一定都是病态的或消极的，在个体的发展过程中，它也可以是健康的、正常的，有助于个体对环境的适应和自我整合。自我的自主性是非常强的，它并不完全受本能的支配，而是以其拥有的感知、记忆、思维等认知过程来自主地支配自己，主要是以非防御性的方式来应付现实，适应环境。

六、埃里克森的自我同一性理论

美国心理学家埃里克森强调应该赋予自我特征和它自身的需要。他认为，自我在为本我需要服务的过程中，发展了自身的各种功能。自我能够组织个人的生活，保证个体生理环境和社会环境的永恒和谐；自我是人在发展中的心理过程，包含人的有意识的动作，并能对之加以控制；自我是个人过去经验与当前认知任务的综合，它引导个体的心理能量向社会要求和规定的方向发展；自我能把人的内心生活和社会任务统一起来，这就是自我发展的同一性问题。

埃里克森强调人一生的发展就是自我适应社会的过程，是一个自主的、充满冲突的发展过程。为了发挥个人的最大功能，在满足本能需要的基础上，个体还需要对他的经验加以整合，因此个体必须追求一种稳定的自我意识，即自我同一性的认识：个体能感到自我的完整和自我经验的延续。埃里克森还把人的发展分为八个阶段，每一阶段都存在一种危机，危机的解决则意味着个体向下一个阶段发展的转折，当危机顺利地解决，则形成这一阶段积极的自我；反之，则形成消极的自我。各个发展阶段之间是相互依存的，同时每个阶段又会形成自己独特的自我特征，人格的发展就是在与环境的不断作用中形成的各个阶段自我同一性的整合。埃里克森更注重文化、历史和社会的作用，尽管他的理论缺乏严格的科学论证，但对当代的心理学，尤其是青少年发展有着深刻的影响。

第二节　团体辅导设计方案

一、团体辅导设计

（一）团体目标

通过团体辅导，帮助学生认识自我、悦纳自我、超越自我，提升成员自我觉察和觉察他人需要的能力，树立一个客观的自我认识形象，不断完善自我，直视自己的人生。

（二）团体对象

在校大学生。希望了解和认识自己，通过努力改变自己、积极规划未来、把握大学阶段的学生。

（三）团体时间及次数

团体辅导五次，每周一次，每次时间为 80 ~ 120 分钟。

（四）招募方式及人数

利用海报、传单或校园媒体平台宣传招募。团体人数为 16 ~ 24 人。

（五）团体领导者

指导老师一名，协助者一名。

（六）团体辅导框架

表 3　自我意识团体辅导框架表

方案	活动	目标	主题活动	备注
一	有缘相聚：组建团队	促进成员快速相识 形成小组 认可并服从团队规则	一块钱和两块钱 自我介绍 抛物唤名 签订契约	

（续表）

方案	活动	目标	主题活动	备注
二	我是谁： 自我觉察	促进自我觉察 了解自己的性格特点 认识自己的价值观	我的自画像 个性名片 小小动物园 分享与总结	
三	独特的我： 自我肯定	鼓励成员欣赏自己的长处 反思自己的优点和不足 展示独特的自己	反向练习 投射练习 独一无二的我	
四	未知的我： 自我调适	学会舒缓压力发现自我潜能 增强自信心	风雨雷电 手有千千结 我的人生曲线 个人盾牌	
五	面向未来： 自我超越	总结过往 规划未来 结束团体辅导	突围闯关 我是最棒的 回顾与总结	
团体辅导效果评估				

二、团体辅导实践方案

（一）方案一：有缘相聚——组建团队

总目标：引发成员参与团体的兴趣，促进成员之间相互了解和认识；建立团体规范，形成团体，澄清团体目标，帮助成员明确团体辅导的目的与意义。主题活动：一块钱和两块钱；自我介绍；抛物唤名；签订契约。

时间：60～90分钟。

过程：

1. 一块钱和两块钱

目的：活跃团体气氛，帮助成员以愉快的心情参与团体活动，增加成员之间的凝聚力，加深彼此的认识与了解。

时间：20分钟。

操作：

（1）指导老师根据男女组员人数来判断，如男生人数多于女生，女生就当“两块钱”，而男生则是“一块钱”；反之，女生就当“一块钱”，而男生则是“两块钱”；如果男女人数相等则可以抽签或者掷硬币决定。

（2）指导老师说出钱数，所有组员根据钱数手拉手组成相应的数字，没有按要求组成钱数的组员被淘汰。例如，指导老师喊出 6 块钱，所有组员必须和身边人迅速搭配并拉手，使面值加起来等于 6 块钱。

(3) 剩下的组员继续组合，直至剩下 4 ~ 5 人为止。游戏结束后，请第一轮被淘汰的组员表演小节目。

2. 自我介绍

目的：让组员相互熟悉并认识，掌握向别人介绍自己的技巧，知晓在人际关系建立初期应该注意的问题，锻炼人际觉察的敏感性。

时间：30 分钟。

操作：

(1) 所有人自由组合，一对一互相介绍并认识对方。每人限定一分钟。

(2) 所有人围成大圈，依次站在圈中间，简要介绍自己。(在多次重复中，快速地记住他人的信息)

3. 抛物唤名

目的：帮助成员尽快熟悉并记住其他人。

时间：20 分钟。

操作：

(1) 成员站成一圈，由指导老师将一物件（气球、红旗等引人注意的物件）抛给任何一人并叫出被抛者姓名，然后被抛者再抛向另一人并叫出姓名，如果名字被叫错，被抛物者及时纠正，“我叫某某某”依此类推，不中断大约进行 5 分钟。

(2) 活动结束后，叫错名字的成员要表演一个小节目。促使成员在游戏中尽快记住团体中的每一个人。

4. 签订契约

目的：形成团队，讨论并签订团队活动契约，形成团体规范，明确团体目标。

时间；15 分钟。

准备：团体契约（附件 1）、团体辅导成员名册。

操作：

(1) 形成团队小组。指导老师请全体成员站成一圈，按照一、二、三、四报数，所有报一的为第一组，依次为第二、第三、第四组。人数少的时候可以分为两组或者三组，一般 4 ~6 人为一组。

(2) 小组讨论：参加团体辅导过程中应该遵守哪些规则，各组选派一位同学报告讨论结果，并说明对团体辅导的期待。

(3) 指导老师总结团队规则，并要求大家在团体活动期间共同遵守和维护团体契约。

(4) 全体成员在团体契约上签字。请一名学员将团体契约贴在活动室的墙上，大家共同遵守。

(5) 发放团体辅导成员名册给每位成员。

附件1：团体契约

(1) 我愿意自始至终参加本次团体辅导，不中途早退，在活动中全心全意投入，关闭手机，以免影响自己和他人。

(2) 我愿意尊重每位成员的个人隐私，保守秘密。

(3) 我愿意信任组员，开放自己，真实表达内心感受。

(4) 我愿意对他人的表达真诚地反馈信息。

(5) 不批评别人说的话。

(6) 我真诚地相信：在团队中投入越多，收获越多。

(7) 我遵守以上承诺，尊重自己，尊重他人。

(8) 在活动中注意安全，遵守规则，一切行动听从指导老师指挥。

签名：__________

(二) 方案二：我是谁——自我觉察

总目标：引导大学生了解和认识自己，发现真正和全新的自己，以发展的视角看待自己、分析自己、完善自己。

主题活动：我的自画像；个性名片；小小动物园；分享与总结。

时间：90～120分钟。

过程：

1. 我的自画像

目的：通过非语言的方法将画者的内心世界投射出来，进行独特的自我探索、自我分析、自我展示，促进成员深化自我认识，加深对他人的认识和理解。

时间：30分钟。

准备：每人一张A4纸，每组一套彩色笔。

操作：

(1) 协助者发给每位学员一张A4的白纸，彩色笔放于每组桌上，供需要者自取。

(2) 指导老师要求在5分钟内，每人在白纸上画一幅“自画像”。

(3) 指导老师温馨提示：“自画像”可以是形象的肖像画，也可以是抽象的比喻画；可以是一色笔画成，也可以是多色笔画成；可以有标题，也可以无标题。若有标题，如：大学生活中的我、我的梦等。无标题成员随自己的意思，可以用任何形式来画出自己，抽象的、形象的、写实的、动物的、植物的什么都可以。

(4) 时间到！请所有人在小组内依次讨论交流“自画像”，同组成员可提出疑问。

(5) 小组讨论，指导老师巡视全场，发现典型案例。

(6) 团体分享，指导老师请典型案例分享“自画像”。

(7) 注意事项：有的学生可能因绘画技能差而为难，教师提醒这只是游戏不是绘画比赛，只要求画的内容、形式等形象地反映对自我的认识。

2. 个性名片

目的：鼓励组员把自己最想与他人交流的信息简洁明了地公布出来，学会推荐自己，在交流的过程中更好地认识自己。

时间：20分钟。

准备：每人一张胸卡、彩色笔若干。

操作：

（1）协助者发给每位学生一个空白的胸卡，彩色笔放小组桌上公用。

（2）指导老师：请大家在10分钟时间内为自己设计一张“个性名片”，插入胸卡内。要求不少于5条个人信息，除文字外可用图形等多种形式表示；可以使用多种颜色的笔。

（3）时间到！请成员在小组内交流，推荐出最佳胸卡，集体分享后佩戴胸卡。

3. 小小动物园

目的：促进成员自我了解，了解他人，学习接纳每个人的独特性。

时间：约30分钟。

准备：每组一盒彩笔、一张卡片。

操作：

（1）指导者将笔和卡片发给成员，然后要求成员想一想，你最喜欢哪种动物，会选择哪种动物，思考一会，在卡片上写上此种动物的名称。

（2）等所有成员写完后，请每位成员看看这个小小的动物园里都有哪些动物，哪些与自己相似，哪些与自己不同，你在这个动物园中的感受如何（可能会缺乏安全感，焦虑不安等）。

（3）请每个成员轮流介绍自己为什么选出这个动物，有些成员选择的动物是因为像自己的特质，如老黄牛；有些成员选择的动物则是自己期望成为的，如像狮子一样强壮，不受欺负。

（4）当成员介绍自己时，其他人可以一起讨论，给予回应，促使当事人进一步思考。

4. 分享与总结

（1）每人用一段话表达参加这次活动的感想。

（2）指导教师总结：对自我的认识是一个不断完善的过程，对潜在的自我探索，可以真正反映自我的需要，深化自我认识。

（三）方案三：独特的我——自我肯定

总目标：当一个人能发现自己的优点并加以发挥、自信满满地面对生活时，就是积极体验。但如果一个人感受到的都是外界消极评价、自卑甚至自怨自艾时，就是消极体验。该模块的目的就是让组员感受到积极体验，找准自身定位，寻求积极心理暗示，挖掘独一无二的自我。

主题活动：反向运动；投射练习；独一无二的我。

时间：90～120分钟。

过程：

1. 反向运动

目的：放松，减轻焦虑，活跃气氛，让学员放松，快速进入活动中。

时间：10 分钟。

操作：

（1）所有成员起立围成一个圆圈，指导老师站在中央。指导者说“右转”，全体学员就将身体转向左边；说“左转”，所有的人将身体转向右边。

（2）以此类推，发现有人犯错，宣判出局。最后只剩下少数人为获胜者。

2. 投射练习

目的：了解体验别人及自己对自己的看法，反思自我的认知模式。

时间：20 分钟。

准备：“他们眼中的我”问卷（附件 2）、笔。

操作：

（1）协助者给每位组员发放“他们眼中的我”问卷。

（2）请学员填写。

（3）指导老师温馨提示：请学员检查自己填写的内容是正面多还是负面多，这个练习有助于我们多角度看自我，全面认识自己。

（4）小组交流分享。

（5）团体分享：每小组派一名学员在团体中分享。

3. 独一无二的我

目的：通过活动认识独特的自己，从而能够珍惜自己独特的价值；同时让成员善于发现自我的不同，从多方面思考问题。

时间：30 分钟。

准备：A3 纸、印泥、水彩笔。

操作：

（1）协助者给每个小组发一张 A3 纸，一个印泥。

（2）指导老师要求每个组员用食指沾染印泥后将自己的手印印在本组的白纸上。

（3）小组成员在白纸上印手印的过程中，指导老师要提醒大家仔细观察自己印下的手印，看看自己的手印有什么特点，同时观察别人的指纹有什么特点，看看自己的手印和别人的手印有哪些区别。

（4）在每个组员都按完手印并观察完之后，指导老师将每张白纸倒转，并打乱顺序，然后让组员找出哪一张是本小组的，并且要求组员找出白纸上自己的手印，签上自己的名字。

（5）在全部组员找到自己的手印后，请每人用彩色水笔装饰自己的手印，并贴在活动室的墙上。

（6）注意事项：在组员观察自己和他人手印的过程中，指导老师要引导组员观察手印的独特性，从而使大家认识到个体差异的存在——每个人都是不一样的，每个人都有其独特之处和存在的价值。

4. 成果和分享：我的性格和个性

时间：30 分钟。

操作：

（1）小组交流分享：通过小组成员交流彼此不同的性格特点，找到相似点和截然不同之处。

（2）每组派代表交流分享本组的体会，阐述自己的个性特点。

（3）指导老师引导学生认识“世界上没有完全相同的两片叶子”，迈出自我探索的第一步。

（4）指导老师总结：

①个人的性格是什么样子，与他人有何不同，是每位学生必须要思考的问题。

②每组的分享促进学生对自己的性格、优缺点、价值观等方面有了较为深刻的认识。

附件 2：他们眼中的我

父亲眼中的我：____________________。

兄弟姐妹眼中的我：____________________。

朋友眼中的我：____________________。

自己眼中的我：____________________。

母亲眼中的我：____________________。

同学眼中的我：老师眼中的我：理想中的我：____________________。

（四）方案四：未知的我——自我调适

总目标：在对自身的性格、优缺点、价值观等方面都有了较为深刻的认知后，每个人会对自身存在的问题进行调适和改进。在分析自我、悦纳自我的基础上进行积极的自我暗示，增强自我肯定和不断改变的原动力，从而拥有良好的自我评价能力和恰当的自信和自尊。

主题活动：风雨雷电；手有千千结；我的人生曲线；个人盾牌。

时间：90 ~ 100 分钟。

过程：

1. 风雨雷电

目的；采用放松自我的小游戏，舒缓压力，减轻焦虑，活跃气氛。

时间：10 分钟。

操作：

（1）全体组员围成圈，指导老师先做动作，要求成员模仿做三遍，如：风（吹）、雨（鼓掌）、雷（跺脚）、电（捂耳朵），组员一起模仿。

（2）当熟练动作之后，将全体人员分为风、雨、雷、电四组，指导老师说“风”的时候，风组做吹的动作；说到电的时候，电组做捂耳朵的动作等，然后指导老师依次说风、雨、雷、电，组员将动作连做起来。

（3）注意事项：无论什么动作都可以达到放松心情、减轻紧张气氛、缓解压力的效果，有时一些极富创造性的动作会引起大家的笑声。

2. 手有千千结

目的：引导组员在团队遇到困难时出谋划策、齐心协力，并且将自己的提议付诸实践，最终团结一致达到目标，从而使每个组员发现自己的潜能与重要性。

时间：30 分钟。

准备：一米长的红线若干根。

操作：

（1）每组组员的右手叠加在一起，协助者用一根红绳以若干个复杂的结扣将大家的手系在一起，每位组员只有左手可以解结。

（2）指导老师宣读注意事项：

①当一位组员在尝试用自己的方法解开结扣时，其他组员只能“动口不动手”，只能口头指导该组员。

②每个组限时 5 分钟解开该组结扣。

③最后解开结扣的小组，集体表演一个节目。

（3）再尝试第二种解开结扣的办法。协助者开始计时，组员依次轮流想一个解开结扣的办法，由出主意的组员尝试用此方式解开。第一个组员如失败，下一个组员想出一个与其不同的办法，继续尝试。依此类推，哪个组最先完成解开缠在所有人右手上的结扣，即为获胜团队。

3. 我的人生曲线

目的：对自己的经历做出评估，理解千差万别的人生经历，增强对自己的理解和“明天会更好”的期盼。

时间：40 分钟。

准备：A4 纸若干张、笔。

操作：

（1）指导老师说明用人生曲线探索自己人生的意义，要求每个组员画一个坐标，横坐标代表年龄，纵坐标代表自己对生活的满意度。

（2）指导老师要求大家找出自己生活中的一些重要转折点，连成线，边看线边思考，并对未来的人生趋向用虚线表示。每个组员思考 10 分钟。

（3）指导老师温馨提示：对你影响最大的事件是什么？有怎样的影响？你是怎样走出心理低谷的？你对自己的人生曲线满意吗？最满意的是什么？

（4）小组交流分享：每位组员以坦诚相待的心、根据坐标图向他人介绍自己的人生。通过相互交流了解彼此不同的人生经历。

(5) 团体分享：每个小组派出一位代表在团体中交流自己的感受。

4. 个人盾牌

目的：强化个人对自己独特之处的接纳，加强自我调适，树立“我之所以为我”的积极态度，增强自信心。

时间：20 分钟。

操作：

根据下列问题的答案，每个人做个自己的盾牌（附件 3）。答案有时是文字，有时是图案，在盾牌上可以按自己的喜好安排位置与顺序。

(1) 写出从出生到现在最重要的一件事。

(2) 写出你以前最成功的事项。

(3) 写出你过去最快乐的时刻。

(4) 写出你的一项专长。

(5) 写出你想要加强的技能。

(6) 你希望将来是什么样子？

(7) 如果你一向无往不胜，但目前只有一年的生命，你将会做什么？

(8) 如果你现在八十岁了，你喜欢别人用哪三个字来形容你？

5. 成果和分享

时间：30 分钟。

操作：

(1) 小组交流和分享：自我欣赏盾牌后在小组内介绍自己的盾牌。鼓励学生正向评价自我和他人，激发学生的内在动力，努力克服自卑，增强自信心。

(2) 指导老师随机（或自愿）抽取几份答案请学员进行团体分享。

(3) 指导老师总结：自信的力量和追求成功的信念尤为重要。每个人都有自己的特质，正确认识自己并以积极的心态面对未来，才能信心满满地完成大学学业，迎接未来的美好生活。

附件 3：个人盾牌

（五）方案五：面向未来——自我超越

总目标：让成员通过活动对自我突破方面有更多了解，学会勇敢地在自己比较擅长的或者无法做到的方面实现突破。

主题活动：突围闯关；我是最棒的；回顾与总结；结束团体。

时间：100～120 分钟。

过程：

1. 突围闯关

目的：培养学生在面临巨大危机的时候，保持冷静的头脑并具有克服困难的信心和勇气，培养学生智慧解决问题的能力和坚持到底不服输的精神，从而对自己充满信心。

时间：15 分钟。

操作：

（1）小组内部决定两位成员作为突围闯关者，其余成员作为关卡。活动分突围和闯关两个程序。

（2）突围：由选出的两位成员站在团队中央，其他成员手臂互相勾住，形成包围。受包围者可以任意用钻、跳、推、拉等方式求挣脱突围。

（3）闯关：全体成员面向四周站立互相以手臂紧紧勾住，请两位成员站在圈外，设法竭力闯关进入圈内。

（4）指导老师提醒学员注意安全。突围闯关开始。

（5）活动结束后，小组内交流分享：

①突围成功的感受是什么？失败了又有什么感受？

②闯关成功用了什么方法？失败了是什么原因？

③在生活中会遇到棘手的困难吗？你是怎样面对的？这个活动给了你什么启示？

2. 我是最棒的

目的：引导学员采用自我暗示的方法，努力克服自卑，增强自信心，相信自己能完成任务。

时间：40 分钟。

准备：A4 纸、笔。

操作：

（1）协助者给每位成员发一张 A4 纸。指导老师要求组员用下面的句式完整地写三句话，这三句话是组员目前想做的但暂时做不了的事，如学习、生活、人际关系等方面。

①我不能______________________________。

②我不能______________________________。

③我不能______________________________。

（2）全体学员写完后，指导老师要求每位学员反复读出这三句话，体会此刻的感受。

（3）指导老师要求每位组员把“不”字划掉，熟记更改之后的三句话。每位组员依次站在小组中大声地、充满激情地说出三句话，其他组员给予其回应：“是的，你能！你可以的！加油！”

（1）小组交流分享：组员依次分析组内每位学员“我不能”的原因，给出达到“我能”的方法途径，做彼此的参谋和军师。

（2）注意事项：第三步中，其他组员回应当事人的语气应专注、大声且肯定，使当事人感受到其他人的支持和鼓励。

3. 回顾与总结

目的：让成员回顾活动中的点点滴滴，感受自己的成长，并选出自己最难忘的单元活动，分享最难忘的活动给自己带来的成长与感受。

时间：30 分钟。

操作：

（1）指导老师请每个成员通过回顾前几个单元，思考自己最难忘的活动和感受。

（2）小组交流：小组成员共同分享参与团体活动的感受和体会。

（3）团体分享：每组选派一个学员跟大家分享。

4. 结束团体

目的：让成员对期待的未来许下心愿，激发成员成为更好的自己的愿望，为今后的奋斗提供动力、指明方向。

时间：30 分钟。

操作：

（1）小组分享：一句话感言——给自己一个承诺。成员在各自的小组中分享自己对未来的规划和对未来的一句话承诺。

（2）全体站起来，围成一个大圈，每个人用一句话的感言，给自己的未来许下一个承诺。其他学员用热烈掌声给予回应和鼓励。

（3）团体成员合影。

（4）填写团体辅导效果反馈调查表（附件 4）。

附件 4：团体辅导效果反馈调查表

年级：________　　专业：________　　团体辅导主题：____________________

各位学员：我们的团队训练活动就要结束了，很谢谢大家的参与和投入。虽然即将结束，但我们希望它不是个终点，而是另一个新的开始！不知道大家的收获如何。为了能够评估这个团队的效果，帮助我们了解它对你的帮助，在此需要你的反馈信息，以作为下一次团队训练活动的参考。答案没有正确错误之分，希望你能将最真实的感受表达出来，也让我们知道，谢谢！请用圈选的方式回答。(A 为非常符合，B 为符合，C 为不知道，D 为不符合，E 为非常不符合)

1. 参加团队后，我更了解自己。	A	B	C	D	E
2. 参加团队后，我对自己有了更清楚的认识。	A	B	C	D	E
3. 我了解了自己的各项特征，并希望有所发展。	A	B	C	D	E

4. 我知道自己所重视的价值观对我生活的影响。	A	B	C	D	E
5. 我能了解自己的能力并加以自我肯定。	A	B	C	D	E
6. 我能知道成长环境及团队期望对自己的影响。	A	B	C	D	E
7. 我能了解自己内心所真正期望的生活。	A	B	C	D	E
8. 我能初步掌握与人沟通的技巧。	A	B	C	D	E
9. 在团队训练过程中，我感觉到自在、安全。	A	B	C	D	E
10. 我喜欢指导者的训练方式。	A	B	C	D	E

第七章　把好情绪的航帆——情绪管理

第一节　情绪管理理论分析

情绪几乎总是伴随我们左右，在不知不觉中影响着我们的认知和行为。人们常常会感情用事，这正是情绪对我们的影响。情绪分为积极情绪和消极情绪。积极情绪能拓展个体即时的思维、行动范畴，包括拓展个体注意、认知、行动等范围。而消极情绪不仅影响工作和生活，还会危害身体健康。因此，学会情绪管理，有意识地对情绪进行感知、控制和调节，对于提高人们生活质量有着重要意义。

大学生处于特殊的身心发展期，表现出特定群体的情绪特点，大学生群体的情绪受外界刺激影响较大，具有多样性、矛盾性和明显的波动性等特征，因而容易产生一些常见的情绪困扰，例如自卑、焦虑、抑郁、嫉妒和冷漠等，如果长此以往得不到重视，将会导致行为和社会适应不良，甚至产生心理疾病。

情绪管理团体辅导，帮助成员正确地认识情绪，提高对个体和他人情绪的觉察敏感度，培养情绪管理的能力，学会有效地调适和控制情绪，挖掘和培养情绪智商。在本主题团体辅导中，以学生为主体的指导思想贯穿整个活动始终，参加成员年龄接近，处于相近年级，都曾面临过类似问题，成员之间容易引起共鸣。通过角色扮演、交流、观察等方式充分调动学生的积极性、主动性，使学生在轻松愉悦的氛围中了解、学习、领悟情绪管理的理念和方法。

一、情绪智力理论

情绪智力概念是由美国耶鲁大学的萨洛维和新罕布什尔大学的玛依尔提出的，是指“个体监控自己及他人的情绪和情感，并识别、利用这些信息指导自己的思想和行为的能力”。萨洛威认为，情绪智力主要体现在以下五个方面。

（一）认识自身情绪的能力

认识自身情绪，就是能认识自己的感觉、情绪、情感、动机、性格、欲望和基本的价值取向等，并以此作为行动的依据。

（二）妥善管理自身情绪的能力

妥善管理自身情绪，是指对自己的快乐、愤怒、恐惧、爱、惊讶、厌恶、悲伤、焦虑等体验能够自我认识、自我协调。比如，自我安慰，主动摆脱焦虑、不安的情绪。

（三）自我激励

自我激励，指面对自己想实现的目标，随时进行自我鞭策、自我说服，始终保持高度热忱、专注和自制。如此，让自己有高度的办事效率。

（四）认识他人的情绪

认识他人的情绪，指对他人的各种感受，能“设身处地”、快速地进行直觉判断。了解他人的情绪、性情、动机、欲望等，并能做出适度的反应。在人际交往中，常从对方的语言及其语调、语气和表情、手势、姿势等来作判断。常常真正透露情绪情感的就是这些表达方式。

（五）人际关系的管理

人际关系的管理，是指管理他人情绪的艺术。一个人的人缘、人际和谐程度都和这项能力有关。深谙人际关系者，容易认识人而且善解人意，善于从别人的表情来判断其内心感受，善于体察其动机和想法。这种能力的具备，易使其与任何人相处都愉悦自在，这种人能担任集体感情的代言人，引导集体走向共同目标。

二、放松训练的方法

（一）冥想放松法

播放轻柔的音乐，根据指导老师的指导语让成员进行想象放松。

想象在一个晴朗舒适的日子里，你正躺在一片宁静宽阔的海岸上，你的身体微微陷在柔软洁白的细沙中，不远处海浪轻轻拍打着海岸，你静静地躺着，心情舒适而愉快地享受海浪声带给你的宁静与放松。准备好了吗？好，现在深呼吸三次，深深地吸气，慢慢地呼气。再来一遍，深深地吸气，慢慢地呼气。最后一遍，深深地吸气，慢慢地呼气，好！（停）

现在，一束阳光暖暖地照在你的头顶，你觉得头部放松了，特别地安逸舒服。这股暖流从整个头部慢慢地流向你的额头，你紧锁的眉头舒展开了。请你仔细体会一下眉头舒展之后放松的感觉，你觉得很舒服很轻松。（停）暖流流到你的脸颊，你觉得双颊都放松了，暖流继续流向你的下巴，你的下巴也放松了。现在，你的头部沐浴在暖融融的阳光中，头部上的每一块肌肉都特别放松，你觉得舒服极了。（长停）慢慢地，这股暖流从整个头部流到颈部、颈椎，顺着你的颈部、颈椎、双肩一直流向你的手指尖，所有的疲惫都从你的手指尖流走了。现在，你的头部、颈部、双肩和双臂都沐浴在暖暖的阳光中，阳光赶走了肌肉中的疲惫，它们都很放松，很舒服。（长停）

这股暖流沿颈椎和脊椎缓缓向下流动，你感到你的胸部和肩胛都放松了。暖流继续向下，你胃里的不舒服、炎症在慢慢地消除，你的整个前胸后背的肌肉都特别地放松，你的感觉好极了。这股暖流流到你的腰部，你感到腰部非常舒服，非常放松。现在这股暖流慢慢地流向你的大腿，你大腿上的每一条肌纤维都非常放松，你的膝关节也放松了。这股暖

流顺着你的膝关节慢慢地流向你的小腿，你的小腿放松了，踝关节放松了，脚后跟脚掌心非常放松，体验一下脚掌心那舒适

放松的感觉，非常舒适。(停) 慢慢地这股暖流流向你的脚趾尖，你的脚趾尖非常的放松，双腿的疲惫都从你的脚趾尖流走了。现在你觉得浑身放松，心情舒畅。海风徐徐吹过你的整个身躯，还有一丝淡淡的海水腥味，你闭上眼睛，深深地陶醉在海天交融的美丽风景之中。你觉得心胸特别宽广，心情特别愉快！全身的肌肉非常放松。好，现在请你慢慢体验一下这种放松后愉悦的感觉。现在你觉得浑身特别特别放松，心情特别特别愉快，你觉得舒服极了！(长停)

现在，你觉得浑身都充满了力量，心情特别愉快，你的头脑清醒，思维敏捷，反应灵活，眼睛也非常有神。你特别想站起来走走，散散步，听听音乐。(停) 准备好了吗？好，请你慢慢地睁开眼睛，你觉得头脑清醒、思维敏捷，浑身都充满了力量，你想马上起来散散步。

(二) 腹式深呼吸法

腹式呼吸以膈肌运动为主，吸气时胸廓的上、下径增大，能够增加膈肌的活动范围，而膈肌的运动直接影响肺的通气量。膈肌每下降一厘米，肺通气量可增加 250 ~ 300 毫升。坚持腹式呼吸半年，可使膈肌活动范围增加 4 厘米。

1. 腹部呼吸训练

观察自然呼吸一段时间。

右手放在腹部肚脐，左手放在胸部。

吸气时，最大限度地向外扩张腹部，胸部保持不动。呼气时，最大限度地向内收缩腹部，胸部保持不动。循环往复，保持每一次呼吸的节奏一致。细心体会腹部的一起一落。经过一段时间的练习之后，就可以将手拿开，只是用意识关注呼吸过程即可。

2. 注意事项

(1) 呼吸要深长而缓慢。

(2) 用鼻呼吸而不用口。

(3) 一呼一吸掌握在 15 秒钟左右。即深吸气（鼓起肚子）3 ~ 5 秒，屏息 1 秒，然后慢呼气（回缩肚子）3 ~ 5 秒，屏息 1 秒。

(4) 每次 5 ~ 15 分钟。做 30 分钟最好。

(5) 身体好的人，屏息时间可延长，呼吸节奏尽量放慢加深。身体差的人，可以不屏息，但气要吸足。每天练习 1 ~ 2 次，坐式、卧式、走式、跑式皆可，练到微热微汗即可。腹部尽量做到鼓起缩回 50 ~ 100 次。呼吸过程中如有口津溢出，可徐徐下咽。

(三) 肌肉放松法

1. 准备动作

先自行紧张身体的某一部位，如用力握紧手掌 10 秒钟，使之有紧张感，然后放松 5 ~

10 秒。经过紧张和放松多次交互练习，在需要时，便能随心所欲地充分放松自己的身体。施行紧张松弛训练的身体部位是手、手臂、脸部、颈部、躯干以及腿部等肌肉。

2. 正式训练

舒适地坐在草坪上，拿掉眼镜、手表、腰带、领带等容易妨碍身体充分放松的物品。依次进行放松的部位：肩部，背部，颈部，胸部，腿部，臀部，面部。

三、情绪 ABC 理论

情绪 ABC 理论是由美国心理学家埃利斯创建的。A 是指激发事件（Activating event），B（Belief）是指个体对激发事件的认知和评价而产生的信念，即个体对事件的看法和解释，C（Consequence）是指特定情境下，人的情绪和行为反应的结果。通常情况下，人们认为情绪直接由事件引起，即由 A 导致 C。ABC 理论则指出人的情绪和行为反应不是由激发事件引起的，而是由人们对激发事件的看法和解释引起的。

在埃利斯看来，激发事件 A 只是引起情绪和行为反应 C 的间接原因，人们对激发事件的看法和解释才是导致 C 的直接原因。不同的人面对同一件事会产生不一样的情绪，从而导致截然不同的行为。例如高考失利，有的人会认为这只是人生中的一次挫折，从而积极应对，认真复读，最终考上心仪的大学。而有的人就此认为人生无望，没有前途可言，甚至因为绝望而导致不理智的行为。

第二节　团体辅导设计方案

一、团体辅导设计

（一）团体目标

帮助团队成员提高对自己和他人情绪的认知能力，协助他们学习应对消极情绪、激发积极情绪的办法，着力提高辅导团体成员的情绪敏感性和自我调节能力。

（二）团体对象

各年级学生，主要适用于有意提高自身情绪管理能力的大学生，排除有严重心理障碍的学生。

（三）团体时间及次数

团体辅导五次，平均每次时间为 60～100 分钟。

（四）招募方式及人数：

利用海报、传单或校园媒体平台宣传招募，报名者填写团体辅导报名表（附件 1）。团体成员：16～24 人。

（五）团体领导者

指导老师一名、协助者一名。

（六）团体辅导框架

表 4　情绪管理团体输导框架表

方案	活动	目标	主题活动	备注
一	心海浪花：了解情绪	促进成员熟悉 建立良好的团体关系 帮助成员了解情绪类型	幸福拍手歌 团体契约 情绪一箩筐	
二	晾晒心情：情绪体验	提高成员对团体凝聚力及参与度 引导成员体察自己的情绪状态 体会不同情绪体验对生活和身心健康的影响	乌龟与乌鸦 情绪蘑菇 情感事件簿	
三	情绪气球：不良情绪	协助成员面对不良情绪 接纳自己不良的情绪 引导成员察觉不良情绪 能适当地表达自己不舒服的感觉	“透支”活动 情绪盾牌 情绪雕塑	家庭作业：每位成员写一个心情故事
四	我的情绪ABC：情绪认知	了解情绪产生的认知因素 完善自己的认知模式 健康地体验情绪 学会转换视角认识情绪	叉手活动 情景剧《张婆婆的忧愁》 情绪遥控器	家庭作业：情绪智力测试
五	我的心情我做主：情绪管理	引导成员学会管理情绪 构建愉悦心情 结束团体辅导	镜中人 能源加油站 快乐大本营 时光倒转	
团体辅导效果评估				

二、团体辅导实践方案

（一）方案一：心海浪花——了解情绪

总目标：帮助团体成员尽快熟识，建立团队；澄清团体性质和目标以及成员的期望；初步掌握情绪的类型。

主题活动：幸福拍手歌；团体契约；情绪一箩筐。

时间：60～100分钟。

过程：

1. 幸福拍手歌

目的：促进成员彼此熟识，打破隔阂，营造轻松愉悦的团体氛围，澄清团体性质和目标。

时间：10分钟。

准备：背景音乐，多媒体设备。

过程：

（1）所有成员随机围站成一圈，每人相隔一手臂的距离，在指导者的引领下，跟着伴奏共同演唱《幸福拍手歌》，并跟随歌词指示作出相应的肢体动作，比如拍手、跺脚等。指导老师鼓励成员放松心态，大声歌唱，动作到位，要求成员带着快乐、幸福的心情与相邻的成员微笑、挥手致意。

（2）歌曲结束后，成员保持原有位置不动，采取到“X”的方法报数，例如从一到四报数，意味着分成四个小组。等所有组员报完后，报一的一组等等，报二的一组，依此类推。

（3）指导老师欢迎成员参加团体辅导，并简要介绍团体目标和开展方式。

2. 团体契约

目的：建立团队，形成每位团体成员对规范的共识，并签订团体契约，保证团队活动的顺利进行。

时间：20分钟。

准备：大白板、白板笔、纸、笔、团体契约。

过程：

（1）指导老师宣布各团队必须在10分钟内迅速熟知成员，确定队长、队名和队标、队歌等。确定后各团队依次进行展示。

（2）分小组讨论：为了实现团体目标，应该制定哪些规则？如何监督执行？违反规则应受到何种处罚？

（3）各小组派一名代表报告讨论结果，指导老师总结并形成团体契约。

（4）协助者将团体契约发给每个小组，成员一起宣读并签字。

3. 情绪一箩筐

目的：了解情绪的种类，扩展对情绪内涵和外延的了解。

时间：45分钟。

准备：笔、情绪字眼图（附件2）、情绪象限图（附件3）。

过程：

（1）指导老师发情绪字眼图给每位成员，请他们找出其中表达情绪的词语，并请成员两两为一组，相互检查是否为情绪字眼，并且讨论以下问题：

①两个人所选的情绪字眼有何不同？

②在情绪字眼中最喜欢和最讨厌的情绪是什么？

③自己平常会出现这些情绪吗？什么时候出现？

（2）指导老师邀请小组成员分享讨论结果以及自己的情绪字眼。

（3）指导老师拿出情绪象限图，解释情绪不仅有正向和负向之分，同时也有强和弱程度区别，并与成员一起将情绪字眼按照正负和强弱之分写在象限图上。结束后邀请成员围绕象限图进行发言。

4. 总结

情绪是对一系列主观认知的统称，人类具有喜、怒、哀、惧四种基本的情绪，在这四种基本情绪基础之上，会衍生出众多复杂的情绪，如厌恶、羞耻、嫉妒、同情等。

附件1：团体辅导报名表

<table>
<tr><td>姓名</td><td></td><td>性别</td><td></td><td>出生年月</td><td></td></tr>
<tr><td>学院</td><td></td><td>年级</td><td></td><td>专业班级</td><td></td></tr>
<tr><td>宿舍</td><td></td><td>手机</td><td></td><td>QQ</td><td></td></tr>
<tr><td>个人简介</td><td colspan="5"></td></tr>
<tr><td>个体心理
咨询经验</td><td colspan="5">是否曾与心理老师晤谈过：是　　否
时间________　　老师________　　咨询问题________</td></tr>
<tr><td>团体心理
咨询经验</td><td colspan="5">是否曾与心理老师晤谈过：是　　否
时间________　　主体________
参加该团体的感受________________</td></tr>
<tr><td>参加的
期望与动机</td><td colspan="5"></td></tr>
<tr><td>备注</td><td colspan="5"></td></tr>
</table>

附件2：情绪字眼图

疑问　思考　害怕　感动

紧张　快乐　幻想　痛苦　怨恨

脸红　期待　高兴　再见　皱眉　昏倒

心花　怒放　害羞　美丽　失望　沮丧　心满　意足

悲伤　慌张　厌恶　愉悦　嫉妒　抱歉

忧伤　得意　失落　撒娇

愤怒　偷笑　不以　为然

哀恸　口吃

附件3：情绪象限图

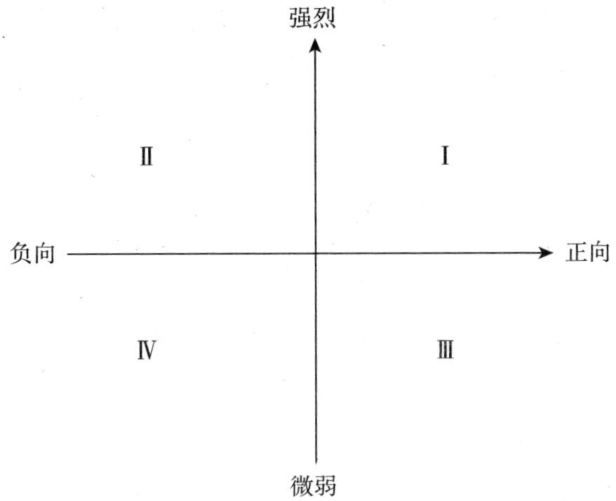

（二）方案二：晾晒心情情绪体验

总目标：引导成员体察自己的情绪状态，判断情绪的认知偏好和偏差，体会不同情绪体验对生活和身心健康的影响。

主题活动：乌龟与乌鸦；情绪蘑菇；情绪事件簿。

时间：60～90分钟。

过程：

1. 乌龟与乌鸦

目的：活跃团队气氛，打消成员防备心理，让成员在游戏中体会生理反应和情绪的关联。

时间：10分钟。

过程：

（1）指导老师引导大家手拉手围成一个大圈，每位成员双臂展开，左手成掌，掌心向上，右手食指伸出，将右手食指垂直放在相邻同伴的左手掌心上。

（2）指导老师读故事《乌鸦与乌龟》（附件4），当出现乌鸦、乌龟这两个词语中的任何一个时，请马上用自己的左手去抓同伴的食指，同时自己的右手食指快速从同伴左手掌心上逃离。

（3）当你的右手食指被抓住或者你的左手没有抓住同伴的食指，你就失败了。失败者要给同伴揉揉肩。

2. 情绪蘑菇

目的：了解情绪的产生以及情绪对自身的影响。

时间：30 分钟。

准备：彩色蘑菇图片若干，粘胶，背景音乐《采蘑菇的小姑娘》。

过程：

（1）指导老师事先准备好若干蘑菇形状的纸片，在每个蘑菇上写上代表情绪的词语，如悲伤、快乐、愤怒、恐惧、悔恨等，并将每个蘑菇粘在墙壁上。

（2）指导老师讲解游戏规则，当《采蘑菇的小姑娘》音乐响起时，成员们根据自己这一周的情绪状态，采摘相应的情绪蘑菇，采摘完毕后回到座位。

（3）指导老师邀请成员展示自己采摘的蘑菇，说说自己为什么要采摘这个蘑菇，这一周发生了什么事情导致自己产生了这些情绪。

3. 情绪事件簿

目的：体察自己的情绪偏好，提升情绪知觉，探析调控情绪的方法。

时间：30 分钟。

准备：纸箱、情绪事件簿（附件 5）。

过程：

（1）准备一个纸箱，里面放 10 张左右情绪事件簿。

（2）指导者邀请每组代表从纸箱中抽取任一情绪事件簿并与大家分享以下内容：

①你是否也经历过情绪事件簿中所描述的情境？当时情绪如何？

②你是如何处理此类情绪的？

（3）每组成员代表就本组抽到的情绪事件簿进行发言，其他小组成员对此展开讨论，并提出解决这个问题的好办法。

（4）指导老师带领大家进行总结，并将解决办法写在相应的事件簿背后，完成后请成员将事件簿放回纸箱中，并提醒成员下次遇到类似事件时，不要忘记本次活动中大家所讨论出的解决办法。

附件 4：《乌鸦与乌龟》

森林里有一间小小的城堡，里面住着精灵和她的仆人乌鸦。突然有一天，天上慢慢飘来一片片乌云，转眼间就乌黑乌黑的，什么也看不见，不一会儿就下起了大雨。在狂风暴雨中，精灵听到有人在敲门，开门一看，原来是一只乌龟，还有一只乌贼。它们要求精灵让他们进屋。精灵同意了，可是乌鸦不同意，它和乌龟是多年的宿敌。雨越下越大，大家也越吵越凶，乌贼指着乌云对精灵说：“雨这么大，乌鸦却不让我们进去，我和乌龟都会生病的，再不开门，我一定会让你的城堡变得乌烟瘴气。”最后，精灵还是没有给他们开门。没多久，雨停了，太阳出来了，乌云也散了，精灵和乌鸦这才打开门，看见乌龟已经冻得缩成一团。

附件5：情绪事件簿

第一次班会时上台自我介绍，中途忘词。

认真准备了两个月的考试，结果没有通过。

室友误会你在背后说他坏话，跟你吵了一架。

去年投稿的一篇文章被拒了。

下雨天过马路被疾行的轿车溅了一身水，衣服全部湿透。

参加比赛获得一等奖，最后被告知结果有误，只拿了优秀奖。

回家路上钱包被偷了，现金和证件全部丢失。

过年走访亲戚被追问学业、生活等各种问题。

在你的带领下团体取得了成果，大家却将所有功劳归功于你的同伴。

被老师批评，好朋友不仅不安慰你，反而嘲笑你。

（三）方案三：情绪气球——不良情绪

总目标：协助成员面对不良情绪；接纳自己不良的情绪；引导成员察觉不良情绪；能适当地表达自己不舒服的感觉。

主题活动：“透支”活动；情绪盾牌；情绪雕塑。

时间：60～100分钟。

过程：

1. “透支”活动

目的：通过失败体验帮助成员正确看待消极情绪。

时间：5分钟。

准备：一段12毫米长的绳子。

过程：

（1）将绳子拉直后放在地上，让成员在距离绳子30厘米处站定，然后下蹲，双脚并拢，双手分别紧握脚后跟。

（2）指导老师讲解游戏规则，成员的任务是跳跃过绳子，成功完成任务者将获得10元奖励。特别注意只能向前跳跃，不能向前滚动或者倒下，在跳跃过程中必须双脚并拢，双手紧握脚后跟，不能松开。

（3）游戏结束后，指导老师向大家说明这是一个几乎不可能成功的任务，再优秀的人也会有失败的时候，再积极的人情绪也有低落的时候，我们应该学会正确地看待消极情绪，学会调节。

2. 情绪盾牌

目的：探析情绪背后的经验和行为，观察情绪和生理反应之间的联系。

时间：40 分钟。

准备：纸、笔、胶布、剪刀、大白板。

过程：

（1）指导老师请成员分享一件自己曾经做过的，以不恰当的行为来发泄不良情绪的事情。例如和室友吵架后，趁他不注意将他的东西扔进垃圾桶来泄愤。

（2）指导老师给每位成员发两张白纸，要求将一张剪成盾牌状，一张剪成爱心形状。

（3）成员完成后要求他们将自己当时的行为（如将室友的东西扔进垃圾桶）写在或者画在盾牌上，将自己做出过激行为前的感受或者情绪（如和室友吵架时的愤怒）写在或者画在爱心上。完成后，将爱心贴在盾牌后面。

（4）指导老师邀请成员将盾牌粘贴在大白板上，分享自己所写或者所画的内容，描述自己当时的情绪感受，指导老师将成员感受写在盾牌旁边。

（5）指导老师请全体成员用肢体动作或者表情来表达白板上列举的负面感受，每一个感受的表现维持 2 分钟左右（如每个人都表现愤怒的样子 2 分钟）。

（6）表演结束后，请成员描述当时的生理反应，如愤怒时肌肉紧张、心跳加快、瞳孔放大等，指导老师将此类生理反应写在对应的感受旁边。

（7）全部结束后，小组讨论，过激行为和不良情绪之间有什么联系？情绪和生理反应之间有何关联？

3. 情绪雕塑

目的：练习情绪表达过程的具体化，总结情绪具体化对于情绪表达的影响。

时间：30 分钟。

准备：彩色橡皮泥。

过程：

（1）指导老师请每位成员挑选一块橡皮泥，请成员在脑中回想一件让自己感觉不舒服的事情，把手中的橡皮泥捏出形状。成员彼此分享为什么要将橡皮泥捏出这种形状？有什么含义？

（2）指导老师请成员将手中的橡皮泥扔向空中让它自由坠落，接着请成员将橡皮泥拾起，重塑自己不舒服的感觉并再次扔向空中。如此重复两到三次。成员彼此分享橡皮泥坠落时自己的感受。

（3）指导老师请成员再重塑一次橡皮泥，使之成为当事人愿意接受的样子。邀请成员分享自己的作品，并告诉大家先前不舒服的感觉变成了什么。

4. 总结

（1）拿破仑·希尔说过："成功者与失败者的最大不同在于，前者是情绪的主人，后者是情绪的奴隶。"在传统观念中，人们应该压抑克制自己的不良情绪，以免影响自己的工作和生活。其实过分压抑自己的不良情绪反而会走向另一个极端——习惯性防卫，并且放弃激情，以此来保护自己或他人因为情绪的流露而受到威胁和伤害。通过此次辅导活动，使参与成员懂得合理宣泄不良情绪，以情绪带动潜能，翻身做主人。

（2）指导老师布置家庭作业：请每位成员写一个心情故事，并写下自己的处理方式。

（四）方案四：我的情绪 ABC——情绪认知

总目标：帮助团体成员了解情绪认知的重要意义。学习情绪 ABC 理论，引导成员用理性信念替代非理性信念，达到情绪的和谐。

主题活动：叉手活动；情景剧——张婆婆的忧愁；情绪遥控器。

时间：60～100 分钟。

过程：

1. 叉手活动

目的：通过行为方式的改变来影响情绪，说明情绪是可控的。

时间：15 分钟。

过程：

（1）指导老师请各位成员自然地将两手十指交握，并注意看看十指是如何交叉的（是左手大拇指在上还是右手大拇指在上）。然后请大家松开后再次交握双手，这次交叉的方向要与上次相反，比如左手大拇指在上的要改为右手大拇指在上。指导老师请成员讨论：当改变习惯性的叉手动作时，有没有异样的感觉，产生抵触性的情绪？指导老师向大家说明这种细微的变化对于有些人来说可能没有影响，但是对于大多数人来说，改变一个习惯性的动作会引起不自在的感觉。同时请成员讨论为了缓解这种情绪，可以采取什么样的办法？

（2）指导老师请各位成员按照自己不习惯的叉手方式连续做 30 遍，然后全体成员一起做一遍叉手动作，不限定手指交叉顺序。看看有多少人改变了原有的叉手动作，这说明了什么？

（3）指导老师向大家说明，如果多数人改变了，说明习惯是可以改变的；如果少数人改变了，说明习惯的力量是巨大的，但是通过有意识地培养与训练，习惯是可以改变的。

2. 情景剧《张婆婆的忧愁》

目的：帮助成员了解认知对于情绪的重要影响，懂得消极情绪是可以缓和转变的。

时间：20 分钟。

准备：剧本。

过程：

（1）指导老师将剧本《张婆婆的忧愁》（附件 6）提前发给两位成员，请他们做好表演的准备。

（2）指导老师简要介绍背景，请两位成员上台表演。

（3）表演结束后，请大家一起讨论：同样的情况，为什么会产生不一样的情绪。

（4）指导老师总结思维方式和情绪之间的关系，导入埃利斯的情绪 ABC 理论。

3. 情绪遥控器

目的：引导成员探析事情、看法与情绪三者之间的关系，学会从积极的角度看待问题。

时间：50 分钟。

准备：情绪遥控器练习表（附件 7）。

过程：

（1）指导老师安排成员以小组为单位围坐在桌边，发放情绪遥控器练习表。指导成员填写练习表的前三栏，在“烦恼的事”一栏中填写最让你烦恼的三件事。在“情绪脸谱”一栏中针对每件事画上相应的表情符号，代表这件事引起的情绪反应；在“我思我想”一栏中针对每件事，填写引起这种情绪反应的想法和认知。

（2）所有成员完成练习表后，大家根据所填内容在小组内进行分享，例如，自己烦恼的事情，所带来的情绪上的变化，情绪背后的想法是什么等。

（3）讨论结束后，小组成员两两组合，交换练习表，由对方任选一件事填写“找原因”和“情绪遥控器”部分，即找出想法的不合理部分，并在“情绪遥控器”一栏填写积极的理性的想法，从而完成情绪由消极到积极的转变。填写完成后双方交换练习表，交换想法，为什么要这样填写，这种想法有何帮助。每名成员需要找两位同伴完成填写。

（4）最后，成员自己填写剩余一件烦心事的“找原因”和“情绪遥控器”部分，找出自己认知中的非理性部分，形成合理认知。

（5）指导老师请成员拿出上次课布置的家庭作业，将心情故事填到练习表中，按照之前的步骤完成，并和大家分享。发放情绪智力测试表（附件 8），请同学们填写。

4. 总结

每个人都有自己的情绪认知模式，对于同样的事件，每个人的反应是不同的，这是由人的认知决定的。如果我们认知方式导致了情绪更加低落，导致了过激行为，那么就有必要进行调整，尝试用理性思维来解决。如果不良情绪对你来说只是暂时的，那不妨用心感受，这也是情绪体验的一种方式。

附件 6　剧本《张婆婆的忧愁》

张婆婆有两个女儿，大女儿卖布鞋，二女儿卖雨靴。不论晴天还是下雨天，张婆婆都是唉声叹气，愁眉不展。邻居王大妈见了很奇怪，就去和张婆婆交谈起来。

王大妈（关切地询问）：“张婆婆，你这是有什么烦心事吗？看你每天都很伤神的样子。”

张婆婆（愁眉苦脸）：“唉，你知道的，我家大女儿做布鞋生意，二女儿做雨靴生意。我希望她俩每天都能生意兴隆。可是你看晴天的时候，二女儿的雨鞋就没人买，下雨天的时候，大女儿的布鞋又卖不出去，所以我每天都在担忧，不知道究竟是该盼望着天晴呢还是下雨呢，唉！”（连连摇头）

王大妈（笑嘻嘻）：“原来是这样啊，张婆婆，你不用发愁啊，你想想，如果是晴天，大女儿的生意肯定很火爆。等到了下雨天，你也会很开心，因为这意味着二女儿的雨靴能卖出去很多啊！”

张婆婆（沉思许久，猛地一拍大腿，喜笑颜开）：“对啊，我怎么没想到呢？哈哈，以后我再也不用担心了！”

附件7：情绪遥控器练习表

烦心的事	情绪脸谱	我思我想	找错误	情绪遥控器（寻找积极信念）	目标
例：四级没过	☹	这次没过，以后都过不了了	想法绝对化，因为一次失败否定所有	这次考试让我知道了自己的不足，有利于下次更有针对性地准备	☺

附件8：情绪智力测试

第1—9题：请从下面的问题中，选择一个和自己最切合的答案。

1. 我有能力克服各种困难：

A. 是的　　B. 不一定　　C. 不是的

2. 如果我能到一个新的环境中，我要把生活安排得：

A. 和从前相仿　　B. 不一定　　C. 和从前不一样

3. 一生中，我觉得自己能达到我所预想的目标：

A. 是的　　B. 不一定　　C. 不是的

4. 不知为什么，有些人总是回避或冷淡我：

A. 淡然处之　　B. 偶尔如此　　C. 总是如此，很不爽

5. 在大街上，我常常避开我不愿打招呼的人：

A. 从未如此　　B. 偶尔如此　　C. 有时如此

6. 当我集中精力工作时，假使有人在旁边高谈阔论：

A. 我仍能专心工作　　B. 介于A、C之间　　C. 我不能专心且感到愤怒

第10—16题：请如实选答下列问题，将答案填入右边横线处。

10. 我从不因流言蜚语而生气：

A. 是的　　B. 介于A、C之间　　C. 不是的

11. 我善于控制自己的面部表情：

A. 是的　　B. 不太确定　　C. 不是的

12. 在就寝时，我常常：

A. 极易入睡　　B. 介于 A、C 之间　　C. 不易入睡

13. 有人侵扰我时，我：

A. 不露声色　　B. 介于 A、C 之间　　C. 大声抗议，以泄己愤

14. 在和人争辩或工作出现失误后，我常常感到震颤，精疲力竭，而不能继续安心工作：

A. 不是的　　B. 介于 A、C 之间　　C. 是的

15. 我常常被一些无谓的小事困扰：

A. 不是的　　B. 介于 A、C 之间　　C. 是的

16. 我宁愿住在僻静的郊区，也不愿住在嘈杂的市区：

A. 不是的　　B. 不太确定　　C. 是的

第 17—25 题：在下面问题中，每题选择一个和自己最切合的答案。

17. 我被朋友、同事起过绰号、挖苦过：

A. 从来没有　　B. 偶尔有过　　C. 这是常有的事

18. 有一种食物使我吃后呕吐：

A. 没有　　B. 记不清　　C. 有

19. 除去看见的世界外，我的心中没有另外的世界：

A. 没有　　B. 记不清　　C. 有

20. 我会想到若干年后有什么使自己极为不安的事：

A. 从来没有想过　　B. 偶尔想到过　　C. 经常想到

21. 我常常觉得自己的家庭对自己不好，但是我又确切地知道他们的确对我好：

A. 否　　B. 说不清楚　　C. 是

22. 每天我一回家就立刻把门关上：

A. 否　　B. 不清楚　　C. 是

23. 我坐在小房间里把门关上，但我仍觉得心里不安：

A. 否　　B. 偶尔是　　C. 是

24. 当一件事需要我做决定时，我常常觉得很难：

A. 否　　B. 偶尔是　　C. 是

25. 我常常用抛硬币、翻纸、抽签之类的游戏来预测凶吉：

A. 否　　B. 偶尔是　　C. 是

第 26—29 题：下面各题，请按实际情况如实回答，仅须回答“是”或“否”即可，在你选择的答案下打“√”。

26. 为了工作我早出晚归，早晨起床我常常感到疲惫不堪：是________否________

27. 在某种心境下，我会因为困惑陷入空想，将工作搁置下来：是________

否________

28. 我的神经脆弱，稍有刺激就会使我战栗：是________否________

29. 睡梦中，我常常被噩梦惊醒：是________否________

第 30～33 题：本组测试共 4 题，每题有 5 种答案，请选择与自己最切合的答案，在你选择的答案下打“√”。

答案标准如下：

1	2	3	4	5
从不	几乎不	一半时间	大多数时间	总是

30. 工作中我愿意挑战艰巨的任务。	1	2	3	4	5
31. 我常发现别人好的意愿。	1	2	3	4	5
32. 能听取不同的意见，包括对自己的批评。	1	2	3	4	5
33. 我时常勉励自己，对未来充满希望。	1	2	3	4	5

参考答案及计分评估：

计分时请按照记分标准，先算出各部分得分，最后将几部分得分相加，得到的分值即为你的最终得分。

第 1—9 题，每回答一个 A 得 6 分，回答一个 B 得 3 分，回答一个 C 得 0 分。计________分。

第 10—16 题，每回答一个 A 得 5 分，回答一个 B 得 2 分，回答一个 C 得 0 分。计________分。

第 17—25 题，每回答一个 A 得 5 分，回答一个 B 得 2 分，回答一个 C 得 0 分。计________分。

第 26—29 题，每回答一个“是”得 0 分，回答一个“否”得 5 分。计________分。

第 30—33 题，从左至右分数分别为 1 分、2 分、3 分、4 分、5 分。计________分。

总计为________分。

得分在 90 分以下：你的 EQ 较低，你常常不能控制自己，你极易被自己的情绪所影响。很多时候，你容易被激怒、动火、发脾气，这是非常危险的信号。

你的事业可能会毁于你的急躁。对于此，最好的解决办法是能够给不好的事情一个好的解释，保持头脑冷静，使自己心情开朗，正如富兰克林所说：“任何人生气都是有理的，但很少有令人信服的理由。”

90—129 分：你的 EQ 一般，对于一件事，你不同时候的表现可能不一，这与你的意识有关，你比前者更具有 EQ 意识。但这种意识不是常常都有，因此需要你多加注意、时时提醒。

130—149 分：你的 EQ 较高，你是一个快乐的人，不易恐惧担忧，对于工作你热情投入、敢于负责，你为人正义正直、同情关怀，这是你的优点，应该努力保持。

150 分以上：你就是个 EQ 高手，你的情绪智慧不但不是你事业的阻碍，更是你事业有成的一个重要的前提条件。

（五）方案五：我的心情我做主情绪管理

总目标：学会感恩和珍惜生活。回顾整合团体辅导的过程，评估团体辅导效果。

主题活动：镜中人；能源加油站；快乐大本营；时光倒转。

时间：60～100分钟。

过程：

1. 镜中人

目的：了解情绪是可以相互影响的。

时间：20分钟。

过程：

（1）成员两两组合，一人扮演照镜子的人，做出四五种开心的动作和表情；一人扮演镜中人，模仿对方的样子。一轮表演结束后，双方互换角色，重新开始。

（2）分享讨论：当你照镜子做出各种开心的动作时，你的情绪是否有所变化？当你扮演镜中人，模仿对方的动作和表情时，你的情绪是否有所变化？

（3）指导老师请大家拿出上次辅导所填写的情绪智力测试表，告知情绪智力相关理论，说明情商不仅是大家所理解的人际交往能力，也包括了对自己情绪的管理能力。

2. 能源加油站

目的：引导成员发现自己拥有的优势和宝贵资源，学会借助外部力量进行情绪管理。

时间：30分钟。

准备：笔、能源表（附件9）。

过程：

（1）指导老师列举出几件生活中常发生的事情，例如被别人羞辱、被长辈责骂、考试不理想等，邀请成员分享自己的应对方式。

（2）指导老师将能源表发给成员，请他们填写自己的能量来源，最内圈是自己情绪低落时最先寻求支持的人。最外圈是自己很少去找的人。

（3）请成员分享讨论：

①哪种资源是自己最常用的？为什么？

②哪种资源是自己很少用到的？

③自己拥有的最充足的资源是哪项？

总结：情绪是可以相互影响的，当遭遇挫折情绪低落时，我们可以尝试从外部寻求帮助，缓解消极情绪。

3. 快乐大本营

目的：分享激发积极情绪的方法，体验积极情绪对自己的影响。

时间：30分钟。

准备：笔、彩色大卡纸、“美国年轻人眼里的开心时刻”（附件10）。

过程：

（1）指导老姉和大家分享“美国年轻人眼里的开心时刻”，请成员回想自己生活中的开心时刻。

（2）指导老师给每小组发放一张大卡纸，写上“快乐大本营”。成员以小组为单位交流，归纳让自己保持积极情绪的方法，遴选出一些有特色的方法作为秘密武器存入本组的“快乐大本营”。

（3）每小组派出一名代表将本组的“快乐大本营”贴在墙上，并介绍本组的秘密武器。

（4）指导老师请每位成员选出自己心中的最佳十条，摘录下来作为自己的秘密武器，当情绪不好时可以使用上述办法进行调节。

4. 时光倒转

目的：回顾团体辅导的过程，缓解成员离别情绪，评估团体辅导效果。

时间：15 分钟。

准备：笔、团体辅导效果评估表、背景音乐。

过程：

（1）指导老师宣布此次团体辅导即将结束，引导成员回顾团体辅导的整个历程，分享此次团体辅导的感受，总结收获和不足，妥善处理好成员的离别情绪。

（2）请每位成员以不记名的方式填写一份团体辅导效果评估表，作为评估此次团体辅导效果的依据，为下次团体辅导的开展提供经验。

（3）全体成员手拉手围成一圈，合唱《夜空中最亮的星》，结束团体辅导。

附件 9：能源表

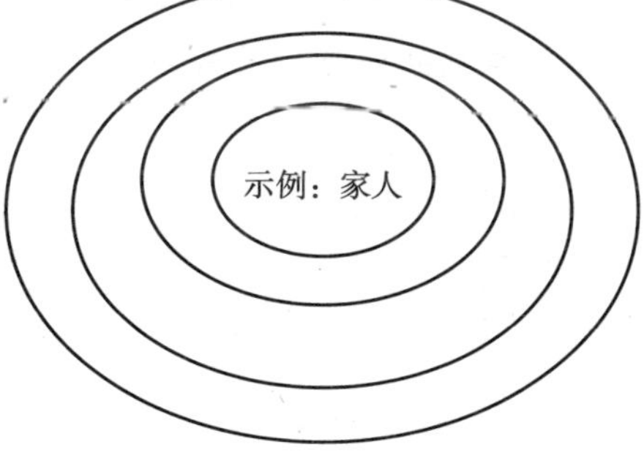

附件 10：美国年轻人眼里的开心时刻

1. 异性一个特殊的眼神
2. 在一条漂亮的公路上开车
3. 听收音机里播放自己最喜欢的歌曲
4. 躺在床上静静地聆听窗外的雨声
5. 发现自己最想买的衣服正在半价出售

6. 被邀请去参加舞会
7. 在浴缸的泡沫堆里舒舒服服地洗个澡
8. 傻笑
9. 一次愉快的谈话
10. 有人体贴地为你盖上被子
11. 在沙滩上晒太阳
12. 在去年冬天穿过的衣服里发现20美元
13. 在细雨中奔跑
14. 没有任何理由地开怀大笑
15. 刚听了一个绝妙的幽默段子
16. 有很多好朋友
17. 无意中听到别人正在称赞你
18. 是团队的一分子
19. 交新朋友或和老朋友在一起
20. 与室友彻夜长谈
21. 做了一个甜美的梦
22. 在圣诞树下一边吃着甜饼喝着红酒，一边为家人和朋友包装圣诞礼物
23. 见到心上人时心头如同鹿撞的感觉
24. 赢得一场精彩的棒球或篮球比赛
25. 朋友送来家里自制的甜饼和苹果派
26. 看到朋友的微笑，听到他们的笑声
27. 第一次登台表演，又紧张又快乐的感觉
28. 偶尔遇见多年不曾谋面的老友，发现彼此都没有改变
29. 送给朋友一件他一直想要得到的礼物，看着他打开包装时的惊喜表情

第八章　解读人际密码，拉近心的距离——人际交往

第一节　人际交往理论分析

人际交往是指人与人之间交流思想、表达情感需求、沟通信息，从而在心理与行为上产生相互影响的动态过程。青年期的大学生，思想活跃、精力充沛、兴趣广泛，人际交往的需求极为强烈，他们的社会交往和人际关系对他们的成长至关重要。大学生的人际交往类型主要包括同学之间、师生之间、亲子之间、室友之间、网友之间等社会交往。人际交往在这个阶段具有重要意义，贯穿于大学生的整个社会生活中。

人际交往能力较强的个体能够维持和发展较好的人际关系，具有良好的社会适应。反之，人际交往能力较弱的个体常出现过度自信或自卑、焦虑、抑郁等不良情绪，甚至出现自我伤害倾向或伤害他人的极端行为。良好的人际交往不仅是大学生心理健康水平和社会适应能力的衡量标准，更是大学生未来发展和人生幸福的奠基石。本主题团体辅导旨在引导成员进行人际交往的自我评估，通过自我分析和小组互助的方式找到解决问题的办法，改善人际交往中的错误思想和不良行为模式，促进人际和谐。

一、人际交往的模式

维吉尼亚·萨提亚是举世知名的心理治疗师和家庭治疗师，她提出了五种人际沟通模式。

（一）讨好型

讨好别人，只有他人和环境，没有自己。试图远离对自己产生压力的人或减轻自己因某些人所带来的压力。经常说的话是“都是我的错”“我不值得”“你喜欢怎么样”“没事没事”。行为和举动过分和善、请求谅解、哀求与让步。

（二）指责型

攻击别人，只有自己和环境，没有他人。试图表明不是自己的过错，让自己远离压力的威胁。经常说的话是“都是你的错”“你到底在搞什么”“你从来都没做对过”“要是你……那就……”“我完全没有错”，行为举动是攻击、独裁、批评、吹毛求疵。

（三）超理智型

压抑感觉，逃避感受。只有情境，没有自己和他人。逃避现实的任何感受，也回避因

压力所产生的困扰和痛苦。此类人的言语总是客观的，引述规章和抽象的想法使用冗长的解释和复杂的术语，避开个人或情绪上的话题，很少涉及与人有关的感受，常说："人一定是要讲逻辑的""一切都应该是有科学依据的""人需要冷静"。行为上表现为威权十足、顽固、不愿变更、举止合理化、操作固执刻板。

（四）打岔型

避重就轻，习惯躲闪。自己、环境和他人都没有。经常改变话题来分散注意力，不能专注在一件事上，避开个人的或情绪上的话题、讲笑话、打断话题、词不达意、不愿意真正面对问题。让别人在与自己的交往时分散注意力，也减轻自己对压力的关注，想让压力因素与自己保持距离。言语上漫无主题、毫无道理、抓不到重点，随心所欲。常说："我自己也搞不清。"行为是注意力不集中、多动、插嘴。

（五）一致型

重视自我、他人和情境，具有高自尊，内在和谐。语言上带有感受、思维，可以表达自己的期待、愿望、不喜欢，是开放的，愿意聆听别人，相互分享，尊重自己、他人，也能顾及环境。认可压力的存在，正视自己处于压力之中，承担起自己在压力中的责任，为有效地应对压力而做出努力。言语中尊重现实、尊重自己、尊重别人。行为上接纳压力和困难、应对投入、顾全大局、乐于助人。

二、人际交往中的心理效应

（一）首因效应

初次对人形成的印象往往很深刻，而且对以后的人际知觉会起很重要的作用。人们对一个人的态度、行为，很大程度上依赖于对其第一印象。第一印象好，继续交往的积极性就高，于是就有可能"一回生，三回熟，三回成朋友"。

任何最先出现的因素都会产生一种心理定式，这种定势将影响人们对于后来出现的信息的知觉。

（二）晕轮效应

也叫光环效应或月晕效应，是指由知觉对象的有关特征推及对象的总体特征，从而产生美化或丑化对象形象的心理倾向。它是一种影响人际知觉的因素。这种爱屋及乌的强烈知觉品质或特点，就像月晕的光环一样，向周围弥漫、扩散，所以人们就形象地称这一心理效应为光环效应。和光环效应相反的是恶魔效应，即对人的某一品质，或对物品的某一特性有坏的印象，会使人对这个人的其他品质，或这一物品的其他特性的评价偏低。名人效应是一种典型的晕轮效应。

（三）近因效应

指最近的信息对人的认知具有较大的影响。是指在多种刺激一次出现的时候，印象的形成主要取决于后来出现的刺激，即交往过程中，我们对他人最新的认识占了主体地位，掩盖了以往形成的对他人的评价，因此，也称为“新颖效应”。多年不见的朋友，在自己脑海中的印象最深的，其实就是临别时的情景；一个朋友总是让你生气，可是谈起生气的原因，只能说上两三条，这也是一种近因效应的表现。

（四）刻板印象

指对某一类人或事物产生的一种比较固定、概括而笼统的看法。它既有积极的一面，也有消极的一面。积极表现是对于具有许多共同之处的某类人在一定范围内进行判断，不用探索信息，直接按照已形成的固定看法即可得出结论，简化了认知过程，节省了大量时间、精力，使人们能够迅速了解某人的大概情况，有利于人们应对周围的复杂环境。消极表现是在被给予有限材料的基础上做出带普遍性的结论，会使人在认知别人时忽视个体差异，从而导致知觉上的错误，造成先入为主，妨碍对他人做出正确评价。

（五）互酬效应

生活中那些相互帮忙的人，其关系总是比较密切，这是互酬效应的体现。在人际交往中互酬效应主要有以下几方面：

（1）能力互酬。在人际交往中，能力比较强的人一般总是比较容易成为人们交往的对象。

（2）性格互酬。那些乐观、幽默、豁达大度、热情、乐于助人的人总是受欢迎。因为他们给人们带来快乐，提供帮助。

（3）感情互酬。同情他人、关心他人、能够听别人倾诉，善于安慰别人，往往朋友比较多，因为他们能给别人带来感情上的满足和补偿。

（4）兴趣互酬。兴趣相似会增强彼此交往的欲望。

（5）信息互酬。在人际交往中那些见识广，知识面宽，掌握信息多的人往往成为人们喜欢交往的对象，因为他能让人觉得跟他交往有收获。

（六）期待效应

也称为皮格马利翁效应，由美国著名心理学家罗森塔尔和雅各布森在小学教学上予以验证提出。暗示在本质上，人的情感和观念会不同程度地受别人下意识的影响。人们会不自觉地接受自己喜欢、钦佩、信任和崇拜的人的影响和暗示。皮格马利翁效应告诉我们，对一个人传递积极的期望，就会使他进步得更快，发展得更好。反之，向一个人传递消极的期望则会使人自暴自弃，放弃努力。

（七）投射效应

是指将自己的特点归因到其他人身上的倾向。在认知和对他人形成印象时，以为他人也具备与自己相似的特性现象，把自己的感情、意志、特性投射到他人身上并强加于人，即推己及人的认知障碍。比如，一个心地善良的人会以为别人都是善良的；一个经常算计别人的人就会觉得别人也在算计他，等等。投射使人们倾向于按照自己是什么样的人来知觉他人，而不是按照被观察者的真实情况进行知觉。投射效应是一种严重的认知心理偏差，辩证地、一分为二地去对待别人和对待自己，是克服投射效应的方法。

三、大学生人际交往的心理误区与调节

（一）猜疑与防御并存

以猜忌的、不信任的眼光看待他人和事物；在交往中心存戒备，不能坦诚相待，而是捕风捉影、搬弄是非；过重的主观性、随意的猜疑；这些拉大了人与人之间的心理距离，从而给人际交往带来了负面影响。

调节方法：找回理智，切忌感情用事；学会正确的人际关系认知方法，不以点带面、以偏概全；学会自我开解，人际交往中不可避免会出现误解，要善意地解读别人对自己的评价，有则改之无则加勉，如果自己难以自我疏导，可求助学校心理咨询师。

（二）自卑与孤傲并存

有些大学生因为个人能力有限或是家庭贫困等原因，产生自卑心理，觉得自己处处不如人，因而在人际交往中过于拘谨、不敢抛头露面，被动接受别人的善意和帮助，错过了一些交往机会。还有一些大学生，自我感觉过分良好，自视甚高，因此产生孤傲心理，觉得自己高人一等，在人际交往中常常“目中无人”，引起对方的反感。

调节方法：正确认识自我，不高估自己也不妄自菲薄，在与人交往过程中抱有真诚、开放、热情的心态。同时，面对自卑的交往方，鼓励其看到自身的优点；面对自傲的交往方，不卑不亢，展现自己的优势。以他人为镜，可以鉴身。

（三）自私与怯懦并存

部分大学生在人际交往中的自私心理表现为不为他人利益和处境着想，或者利用他人达到目的，功利、势利。还有部分大学生生性胆小，与人交流时习惯性地退缩回避，遇到与人观点不同时，不敢坚持自己看法，而是唯唯诺诺、人云亦云，丧失了自己在人际交往中的个性和魅力。

调节方法：现在的00后多是独生子女，自私自利之心难免存在，首先在他人提醒后，这部分大学生需要认识自己的不足，同时观察多子女家庭的同学是如何和兄弟姐妹相处的。切忌有功利、势利和精致利己主义的思想，做一个朴实无华的有为青年。而怯懦的人需要清除消极的自我暗示，学会肯定自己，不过于考虑别人对自己的看法，不患得患失。

（四）孤僻与显摆并存

孤僻的人经常把自己的真实思想、情感欲望掩藏起来，他们对任何人都不信任，少言寡语、高深莫测、不可捉摸，使人无法接近。而与之相反，爱显摆的人则是夸夸其谈甚至夸大其词，自己所做的一件小事或拥有的一个小物品，都被拿来向他人炫耀，同样不利于人际交往的良好发展。

调节方法：多感受他人的善意，多参加集体活动，明白人不可能独立存在于世上，学习必要的交往技巧，进行心理训练和实践训练。

（五）嫉妒和冷漠并存

嫉妒心理是指人们在交往中发现自己在才能、名望、地位、实力等方面不如他人而产

生的憎恨、愤怒情感，企图贬低甚至迫害他人的思想。而冷漠的人则是不管别人优秀还是失意，事不关己高高挂起，独来独往不与人接触，不关心他人的冷暖疾苦，是一个没有温度的人。不管是嫉妒还是冷漠，具有这两种特质的人在人际交往中都极度不受欢迎。

调节方法：当自己在交往中暂居劣势时，保持内心的平静和健康的情绪，与对方心平气和地交往，“偷师”别人的长处而不是一味地诽谤对方不过如此。同时，要正确认识大学人际交往的特殊性、重要性，摆正自己在人际交往中的位置，摒弃那种对人际交往毫不在乎的错误思想。

第二节　团体辅导设计方案

一、团体辅导设计

（一）团体目标

通过自我分析和小组互助，让成员客观评价自己的人际交往状况，找到不良沟通的问题所在，改善行为模式；体验信任在人际交往中的重要性，增强彼此间的信任感；体会合作对个体和团体的影响，提升内心的人际交往开放度，在合作中学习与人交流的方法；学习拒绝他人的技巧，提高人际交往的能力。

（二）团体对象

在校大学生。有意愿提升自己人际交往能力、改变不和谐的人际交往现状、改善和提升人际交往技巧的学生。

（三）团体时间及次数

团体辅导五次，每周一次，每次时间为 70～100 分钟。

（四）成员招募方式及人数

利用海报、传单或校园媒体平台宣传招募。团体成员：16～24 人。

（五）团体领导者

指导老师一名，协助者一名。

（六）团体辅导框架

表 5　人际交往团体辅导框架表

模块	活动	目标	主题活动	备注
一	你我有缘：建立团队	澄清团体目标和成员参加团体辅导的动机 帮助成员了解团体的性质 促进成员尽快相互认识	萝卜蹲 自我介绍接龙 你我的约定	

（续表）

模块	活动	目标	主题活动	备注
二	接纳之旅： 体验信任	培养成员间的相互接纳和信任 体验信任别人和被别人信任的感受	托起你的重量 信任前行 信任不倒翁	
三	善于倾听： 掌握技巧	协助成员识别不良倾听习惯 练习有效倾听技巧 掌握倾听的技巧	你会倾听吗 沟通练习 分享沟通	家庭作业：害怕说“不”的心理分析
四	学会拒绝： 体验说“不”	了解人际交往中有利的个性特征 学会拒绝的方法和艺术	害怕说“不”的心理分析 魅力测试站 身临其境	
五	一路有你： 结束团队	了解团队成员的异同点 体会团队合作互助的乐趣 促进成员的团体合作意识 提高人际交往能力 结束团队	超级三人组 齐眉棍 蜈蚣翻身	
团体辅导效果评估				

二、团体辅导实践方案

（一）方案一：你我有缘——建立团队

总目标：为组员营造一个真诚、尊重和温暖的气氛，帮助组员在团体中培养一种归属感和被接纳感，在体验与他人亲密交流、彼此信任的同时，学会关心、倾听和体察他人，提高自己与他人交往的能力。

主题活动：萝卜蹲；自我介绍接龙；你我的约定。

时间：60～90分钟。

过程：

1. 萝卜蹲

目的：热身游戏，使学员放松身心，以愉快的心情参与接下来的活动，加深彼此的了解。

时间：25分钟。

操作：

（1）指导教师介绍游戏：“萝卜蹲”游戏是指几个人（超过两人）分别代表一种颜色

的萝卜，一人先开始，说“红萝卜蹲，红萝卜蹲，红萝卜蹲完绿萝卜蹲”，被叫到的人必须下蹲，迟疑下蹲的或者蹲错的都将被淘汰。

（2）游戏分组：四人一组，分成若干组，并且所有组的四人依次按照白萝卜、黑萝卜、红萝卜、紫萝卜的顺序从左到右依次站好。

（3）游戏中，将会有四名裁判，一名裁判负责喊游戏用词，另外三名裁判负责监视每一组的选手，确保游戏的公平。

（4）游戏规则：

①当裁判以任意顺序喊出游戏用词时，如“黑萝卜蹲，黑萝卜蹲，黑萝卜蹲完白萝卜蹲”，在每组中代表“白萝卜”的组员必须马上下蹲，等待裁判指令之后方可站起。

②当裁判喊出游戏用词，蹲错的队员随即被淘汰。

③一组四位同学淘汰至剩一名同学时，该同学为获胜者，等待第二轮比赛重新分组继续比赛，直到决胜出冠、亚、季军为止。

注意：由于游戏需要控制时长，在第一轮淘汰赛过后接下来几轮的比赛，可适当增加每组组员人数，同时相应增加游戏用词，备用游戏用词有“蓝萝卜、绿萝卜、黄萝卜”等。

2. 自我介绍接龙

目的：形成团队，调动组员参与活动、彼此协助、互相了解的积极性，提高团队凝聚力。

时间：25 分钟。

操作：

（1）将全体组员报数，分为若干小组，每个小组围成一圈坐下。

（1）从第一个人开始，每人用一句话介绍自己。内容包括三个方面：姓名、专业和自己的特征。当第一个人说完后，第二个人必须重复第一个人的内容后再自我介绍，依此类推。

（1）每个组员都要使用固定的句式：我是________，来自________，专业是________，我的性格特征是________，旁边的________是________专业，性格特征是________。

3. 你我的约定

目的：澄清每位成员参加团体的动机和对团体的期望，提出团队活动的制度和规定。

时间：20 分钟。

准备：A4 纸、笔、团体辅导活动契约书。

操作：

（1）按顺时针顺序。让每个团体成员将下面两个句子补充完整，

①我加入团体的希望是____。

②我希望我们的团体是____。

（1）领导者澄清成员对团体的期待和认识，说明团体的功能、目的和内容。

（2）团体成员共同讨论和制定团体规范。如“做到保密，不把团体内的事情说给其他人听”“仔细倾听，不打断和批评他人的发言”“不缺席，不迟到，不中途离开”“不把食物带到团体辅导室来吃”等。指导老师归纳后，形成团体契约书。

（3）每个团体成员在团体契约书上签名，以示自己愿意遵守这些团体规范。请一名学员将团体活动契约贴在活动室的墙上，大家共同遵守。

（4）指导教师进行简单小结，预告下一次团体活动的内容，结束团体。

（二）方案二：接纳之旅——体验信任

总目标：帮助或员融入团体，培养成员间的相互接纳和信任，体验信任别人和被别人信任的感觉。

主题活动：托起你的重量；信任前行；信任不倒翁。

时间：90～120分钟。

过程：

1. 托起你的重量

目的：消除组员之间的隔阂，增进组员之间的了解。

时间：20分钟。

操作：

（1）指导老师宣布：现在开始游戏“背靠背”。

（2）指导老师请团队成员两个人背靠背站立，一齐向下坐到地上，一齐站起来。坐下、站起时，双手不能撑地（可要求学员双手交叉抱在胸前）。

（3）顺利完成者，可与其他同学交换再做。可选择与自己身材不同的同学来做。

（4）小组交流分享：

①背靠背坐下、起来，容易吗？

②顺利完成活动有什么感受？是什么因素起作用？

③做不到有什么感受？你认为是什么原因呢？

（5）指导老师引导语：信任是感情交流的桥梁。人之幸事，莫过于被人信任；人之憾事，莫过于失信于人。生活在互相信任的环境中是一种幸福。

2. 信任前行

目的：让成员尝试如何获得他人的信任，并了解信任对于整个团队的重要性。

时间：30分钟。

准备：眼罩、绳子若干根、空纸箱。

操作：

（1）将团队分为四人一组，两人为活动参加者，另外两人为活动保护者。活动参加者中的一人被眼罩蒙上眼睛，在另一人用绳子的引导下走完预先设计好的一段路程。两名保护者要随时保护好蒙眼者的安全，防止他跌倒或碰到障碍物（空纸箱）。

（2）在蒙眼者被蒙上眼睛之前，搭档之间可充分交流，约定沟通信号。一旦蒙上眼睛，两个人均不能再说话。两人通过非语言的方式进行交流，增加搭档之间的相互信任。保护者要引导蒙眼者绕过障碍物（空纸箱），蒙眼者在搭档的引导下走到终点。

（3）注意事项：

①蒙眼者要做好缓冲姿势，即向前伸出双臂，小臂向上弯曲，手掌向外，手的高度和脸齐平。当发生意外跌倒时，这种姿势有利于减轻身体伤害。保护者要时刻关注脚下和蒙眼者的状况，及时做出反应。

②蒙眼者走到终点后，大家依次交换角色，保证每位同学都做一次蒙眼者，做一次保护者。

（4）小组内分享各自的感受。

3. 信任不倒翁

目的：让组员体会到来自团队其他成员的信任，感受团队对自己的支持和保护。

时间：30 分钟。

操作：

（1）每组围成一个圈，一位组员来到圈中央，其他组员手拉手围圈。

（2）蒙上圈内人的眼睛，让其随心所欲、自在舒适地倒向任意方向，其他组员拉紧手形成保护圈，确保圈内人不会摔倒。

（3）圈内人往哪里倒，整个小组就要去那里接住他，并推动他站立起来回到中心位置，站稳后再倒下去，反复进行。

（4）每个组员轮流做圈内人进行体验，全部体验完之后回到座位上。

（5）小组内讨论并分享感受。围绕以下问题开展讨论，如“倒下的那一刻你害怕了吗？”“你相信其他成员会稳稳地托住你吗？”“倒下的时候你的身体是弯曲的还是挺直的？”“你从这个游戏中学到了什么？”。

（6）指导老师总结。

4. 分享与总结

目的：帮助学员明确，基本的信任感和被信任感，是拥有良好人际关系的基础。

时间：30 分钟。

操作：

（1）小组交流：通过分享，小组成员体验人与人之间相互信任的可贵，传递一种积极正向的交往能量。

（2）每组派一名代表交流分享本组对于此次活动的体会，收获别人对自己的信任，感受人际交往的快乐和正能量。

（3）指导老师总结：刚才就是同学们的双手帮助我们走过了重重关卡，在人生的道路上，有许多这样的手帮助我们走过艰难的路，以后还会有无数双手伴你度过漫漫人生路。我们会发现当我们真诚相信他人的时候，他人会更加积极地给我们反馈，并帮助我们一步一步走向终点。付出真诚，收获感激和信任。

（三）方案三：善于倾听——掌握技巧

总目标：协助成员掌握一定的沟通技巧，掌握有效的、正确的沟通方式。

主题活动：你会倾听吗；沟通练习；分享沟通。

时间：90～110 分钟。

过程：

1. 你会倾听吗

目的：认识和辨别不良的倾听习惯，练习有效倾听的技巧。

时间：40 分钟。

准备：不良倾听习惯清单（附件 1）。

操作：

（1）指导老师将组员分为四人一组，每组推选出一位组员担任陈述员并先到室外，其余组员则分别充当不同类型的倾听者：积极专注型、故意忽略型、尖酸刻薄型。再由担任陈述员的组员回到各自的小组，自行选定一个主题说给同小组的成员听（如假期计划、对专业的看法等）。担任积极专注倾听者的组员不仅要听，还要按照要求发问，其他组员依照自己所扮演的倾听者角色表现出相应的态度。

（2）小组内进行分享讨论，针对不同的倾听者态度，陈述者说出自己的感受。

（3）陈述者和倾听者交换角色，另外选择一个话题，倾听者依旧分为三个类型。

（4）协助者发放不良倾听习惯清单。

（5）小组交流，谈谈对自身不良倾听习惯的感受和评价。

（6）团体分享：每组推荐一名学员分享本组交流结果。

2. 沟通练习

目的：实践练习沟通技巧，掌握人际沟通基本技巧。

时间：30 分钟。

操作：

（1）指导老师提问：请每位同学思考，当你的朋友向你倾诉他的烦恼时，一般而言你会做何反应？并思考你作出这样反应的理由。

情景一：朋友向你倾诉："上学期考试成绩出来了，我挂了两科。我不敢告诉父母，为了供我上学他们拼命地赚钱，已经很辛苦了。我不想让他们知道。每天早晨起来，我都鼓励自己要努力地学习，但是感觉压力很大！"你会如何回答？

A. 你要想开一点，面包会有的，只要努力一定能考好的。

B. 你不用太悲观，这次好多人都没考好。

C. 你应该告诉你的父母，他们也许能帮你，和你一起想办法。

D. 你不敢把这件事情告诉父母，怕他们担心你。可是你的压力也非常大，不知道自己一个人是否扛得过去。

情景二：朋友向你倾诉：“我最近倒霉透了，谈了两年多的男/女朋友居然把我给甩了。哎，我真想一死了之！”你会如何回答？

A. 你怎么这么想，一次失恋就成这个样子，也太没出息了。

B. 哎，是挺倒霉的。你再想想有没有什么跟他（她）和好的办法？

C. 我比你更倒霉呢，我都被人家甩过两次啦。

D. 不用这么难过，俗话说得好，天涯何处无芳草，改天我帮你介绍一个更好的。

E. 谈了两年的男/女朋友居然和你分手了，你一下子接受不了这个事实，所以觉得活着没意思了。

（2）思考并小组讨论：对各种回答进行比较。

（3）指导老师点评：人际沟通的关键在于让你的朋友感觉到你是在认真听他说话，而且理解了他的意思，能够体会他的心情。以上两个案例的几个答案中，最后一个反应其实更为恰当，但很少人会选它。因为它只是用自己的话把别人所说的内容简要地翻译了一遍（这种沟通方法被称为“意译法”），似乎是在说废话。很多人都有好为人师的倾向，误以为朋友向自己倾诉就是需要自己帮他出主意，因此在沟通中急于用自己的感受代替别人的感受，急于表达自己的意见或提出劝告。事实上只有倾诉者才最清楚自己需要的是什么，才能为自己的行为做选择。他通过倾诉，希望寻求的只不过是一种关心、理解和心理支持。而意译法恰好可以满足对方的这种心理需求。因此，在不确定能否给予更好的回答时，把对方所说的意思简要地反馈给对方，不失为最简单但是又十分有效的人际沟通小窍门。

3. 分享沟通

目的：认识沟通的重要性，真诚去分享。

时间：30 分钟。

操作：

（1）团体分享：每组派代表交流分享本组的体会，阐述不同沟通方式带来的不同感受和效果，促进成员对自己不恰当的沟通方式进行反思，在以后的人际沟通中进行纠正。

（2）指导老师总结：倾听和回应的技巧，并鼓励成员在团体中和团体外的日常生活中灵活运用这些技巧。指出沟通有其重要的构成因素，口语与非口语信息的运用得当是成功沟通的条件。正确的沟通首先必须尊重别人、善于倾听。

4. 家庭作业

指导老师布置课后作业：以“害怕说‘不’的心理分析”为题，写一篇 300 字左右的文章。

附件 1：不良倾听习惯清单

（1）注意力不集中。倾听者可能将注意力转移到思考其他问题上，或者心不在焉。此外，主观上不愿意倾听也是造成注意力不集中的原因。

（2）假装在听。在思考其他问题的人往往假装他们在听。这种伪装可能使说话者形成一种印象，即倾听者已经获得了说话者试图表达的一些重要的信息。

(3) 听了，但是没有听进去。有时候人们只听到了说话者表述的事实或者细节，或者只是表述方式，而没有理解其中的真正含义。

(4) 听了，但是只听部分。有些人在自己试图发言之前一直认真在听，然后他们放弃倾听，开始思考他们想说什么而不再听，并等待机会做出反应或反驳。

(5) 打断说话者的表达。倾听者等不及掌握整个意思，就强行打断说话者，使其中途停止表达。

(6) 只听想要听的。人们往往认为，他们所听到的，正是他们所希望听到的，他们选择性地拒绝他们不愿意听到的信息。

(7) 情感防卫。倾听者想当然地认为，他们了解说话者的意图，或者知道他们为什么这么说、出发点是什么，或者出于其他原因，他们希望自己受到关注。

(8) 倾听不赞同的观点。一些倾听者看起来是在等机会抨击说话者，他们专门听取自己不能接受的观点并进行驳斥。

(四) 方案四：学会拒绝——体验说“不”

总目标：“拒绝”是自我的一种主动选择。大学生应学会适度交往，通过体验和反思，迁移和行动，促进大学生人际交往能力的提升。

主题活动：害怕说“不”的心理分析；魅力测试站；身临其境。

时间：90~120 分钟。

过程：

1. 害怕说“不”的心理分析

目的：寻找不愿说“不”的心理成因，通过归纳总结，使学员明白需要学习拒绝他人，有理有据、不卑不亢地与人交往。

时间：30 分钟。

操作：

(1) 小组讨论：小组成员依次分享、讨论家庭作业。

(2) 指导老师在每个小组中随机抽取两名学员代表阐明自己的观点。

(3) 每组组长代表本组进行汇总发言。

(4) 指导老师引导学员深入思考和分析人际交往中的拒绝心理，认清“拒绝”的利弊和重要性，加深学员对“学会拒绝”的理解，并指导交往行为。

2. 魅力测试站

目的：了解人际关系中人们喜欢的和反感的个性特征，以此督促自己在人际交往中注意言行。

时间：30 分钟。

准备：笔、纸。

操作：

（1）协助者描述情境：你参加了一次夏令营活动，在夏令营里你认识了很多性格迥异的人，有真诚的、善解人意的、乐于助人的、活泼开朗的、热情的、风趣幽默的、聪明能干的、心胸宽阔的、脾气古怪的、自私自利的、自负傲慢的、虚伪的、恶毒的、性情暴躁的、心胸狭隘的，等等。

（2）每个小组里再分组，两人为一个小组。从以上的形容词里选择一个积极的和一个消极的词汇，自己设置情境进行表演。要求对于消极的角色扮演，扮演者的搭档需要思考如何拒绝他的不合理要求，以表演的形式表达出来。

（3）两人一组进行表演。

（4）第一次小组讨论：你最不愿意和哪三种人做朋友？最愿意和哪三种人做朋友？你认为哪一组表演的拒绝方式最好？

（5）每组组长根据组员的发言，记录下各种性格的魅力指数。最愿意和某三种人做朋友则根据喜欢程度，把三种性格分别记为 +3、+2、+1 分；最不愿意和某三种性格的人做朋友，把三种性格记为 -3、-2、-1 分。所有组员发言完毕后，计算每种性格的总分，从而得出该性格的魅力指数。

（6）第一次团体分享：每个小组派一名代表对本组讨论结果进行阐述。

（7）小组讨论：如何培养最受欢迎的三种性格？如何避免最不受欢迎的三种性格？

（8）第二次团体分享：每组选派一名代表汇报讨论结果。

3. 身临其境

目的：以心理短剧的形式，让组员如同身处相同的环境中，思考如何拒绝对方的不合理要求。

时间：40 分钟。

操作：

（1）指导老师引导：请每位学员思考在与人交往中是否被人拒绝过？以什么方式拒绝的？给自己留下了怎样的感受？是否拒绝过别人？以什么方式拒绝的？被拒绝的人当时什么反应？之后你们的关系受到了怎样的影响？

（2）指导老师给出几个设定的场景，分组讨论，设计情节，排练成一个心理短剧，每组轮流上台表演。

情景一：一个平常花费大手大脚、喜欢吃喝娱乐的同学向你借钱，你不想借给他，你会怎样拒绝？

情景二：一个关系亲密的朋友，要求考试时坐你的后面，希望你在考试时能让他看到你的试卷。你不想作弊，你会怎样拒绝？

情景三：寝室的卫生条例规定了室友轮流打扫卫生，但是你的一位室友每次当作不知道这事，从来不打扫。以前都是你默默帮他值日了，现在你不想再纵容他，你会怎样对他说？

情景四：暑假你正在家中完成老师布置的重要论文，你爸爸回家了，要求你假期就不要玩电脑了，帮妈妈做些家务，照看弟弟妹妹，这时你如何回答？

情景五：你所在的社团有一个大型的活动将要举办，同一天有一部电影上映，你的女（男）朋友非要和你看电影，还说你又不是社团负责人，不去也没关系。你会怎样拒绝？

（1）各组自选场景表演心理剧。

（2）指导老师请成员代表谈感受，指导老师适时引导。

4. 成果和分享：学会对不合理的要求说“不”

目的：引导学生敢于说不，保持独立的个性，收获更多的正能量。

时间：30 分钟。

操作：

（1）小组交流分享本次团体辅导的学习体会，讨论在遇到不同情况时如何说“不”，同时不伤害人际关系。

（2）教师总结：判断人社交中的心理成熟度，要看你能否自如地对别人的不合理要求说“不”，能否承受别人的拒绝。能够说“不”和能够接受被拒绝，都是需要自信和勇气的。不会拒绝也不能自如地提出要求，又怕被别人拒绝的心理状态，心理学上称为“被拒敏感”。这样的人，他的人际关系看起来挺好，总是热心助人，口碑好，别人喜欢找他“麻烦”，可内心苦水只有自己吞。当代大学生应在社会交往中，学会以适当的拒绝方式减少自己的压力和痛苦，在交往中找寻自由与正能量。

（五）方案五：一路有你——结束团队

总目标：引导组员体验助人与合作在完成团体活动中的重要性，使组员体验团体温暖，学习合作技巧，在团体中改变不合理的交往心态和行为模式。

主题活动：超级三人组；齐眉棍；蜈蚣翻身。

时间：90～120 分钟。

过程：

1. 超级三人组

目的：了解团队组员的异同点，充分发挥组员的聪明才智，加强合作，实现共赢。

时间：30 分钟。

准备：每人一支笔、一张纸、一枚别针，气球若干。

操作：

（1）协助者给每人发一支笔、一张纸、一枚别针。

（2）指导老师：请所有学员造句。句型：我是一位________________。

要求完成十句完全不同的造句。将答案写在纸上，并用别针将纸固定于自己的衣服上。

（3）请学员自由组合，三人一组。

要求：小组成员所造句子的相同点要尽可能多。

结论：其实人们之间的共同点要比我们看到的多。

（4）学员自由组合，三人一组。

要求：小组成员所造句子的不同处尽可能多。

结论：即使在差异最大的小组中还是存在某些共同点。

如果有小组成员没有一句是相同的（虽然此种可能性很小），可邀请所有人集体讨论，一起总结出相似处。

（5）学员们随意进行三人组合。发给每个小组一个气球，不许组员用手和前臂碰到气球。三人小组要找一个方法让所有气球不落地、手不触碰气球的情况下把气球挤爆。发给每三人小组三个气球，限时 5 分钟，以挤爆气球最多的小组为胜。

（6）注意事项：如有组员违反规定，用手压破气球，或气球掉落地上，则该气球为犯规气球，不予计数。

（7）总结：善于融合不同的智慧可以使整体在激烈的竞争中始终处于领先。

2. 齐眉棍

目的：体验多人合作需要耐心和细心，在合作关系中，个人应该配合集体的行动。

时间：30 分钟。

准备：一根长 2 ~ 3 米的塑料软管（可用塑料吸管拼接或水管等替代）。

操作：

（1）请小组成员站成相对的两列，让小组成员全部伸出一只手的食指，举到自己眉头的位置。

（2）将轻质塑料软管放在每个人的食指上，注意：必须保证每个人的食指都接触到轻质塑料软管，并且手的食指都在轻质塑料软管下面，其他部位都不能碰到塑料软管。

（3）手指平放横杆下，不可出现手指平放以外如钩、夹等动作，全体成员一起参与，如任何人手指离杆，都回到组员中任一成员齐眉高度重新下降。

（4）要求小组成员将轻质塑料软管保持水平，小组成员的任务是：在保证每个人的手指都在轻质塑料软管下面的情况下，将轻质塑料软管完全水平地往下移动。一旦有人的手离开软管或软管没有水平往下移动，任务就算失败。

（5）只允许一位组员喊“开始”和“停下”，其余组员在活动中不得出声。指导老师在活动开始前讲解规则并和学员们商量好设定挑战时间。

（6）指导老师阐述游戏的启示：

①看似游戏很简单，但要成功完成也非常不容易。

②如果一个人去完成这个任务是相当简单的一个事情，但是一个人做的工作由几个人来做，它比一个人做更不容易完成，因为几个人之间将形成许多的相互关系，制造出许多新工作，因此合作的力量不容忽视。

③如果小组中有任何一个人不同于组织的共同节奏，塑料棍将无法保持水平下降。

3. 蜈蚣翻身

目的：让学生在体验和分享中学习人际交往技巧，感悟人际交往中理解、合作、认同的重要性，提高人际交往的能力。

时间：30 分钟。

操作：

（1）协助者将全班学生分成两大组，请学员推荐产生两位组长，两路纵队排好。

（2）全组学员依次手拉手组成一条“大蜈蚣”，开始练习一下“大蜈蚣”跑动，看看彼此是否协调。

（3）开始做“蜈蚣”翻身比赛，要求第一位组员依次从第二、三人拉手处，第三、四人拉手处，一直到队伍最后两位的拉手处钻过去，第二位组员、第三位组员，跟随前面的组员一直钻完所有的拉手孔。期间不能有拉手断开的地方，完成“蜈蚣”翻身用时最少的组为胜。

（4）注意事项：

①活动要有一定的空间，使得“蜈蚣”可以“蠕动”起来。

②要使整条“蜈蚣”顺利“翻身”，每个组员都要快速“翻身”和“蠕动”。

③主持人宣布游戏规则后，各队练习 5 分钟后再开始正式比赛。

（5）比赛结束后，指导老师总结在人际交往中合作、理解、宽容的重要性。

4. 成果和分享

目的：对本次团体辅导进行总结，团体分享活动感受，评估此次团体辅导效果。

时间：30 分钟。

准备：《天空之城》音乐、团体辅导效果反馈调查表（附件 3）。

操作：

（1）每个人对团体活动进行一句话的总结，说说自己的看法和感受想法。

（2）填写团体辅导效果反馈调查表。

（3）播放音乐，指导教师对团体活动进行总结，结束团体活动。

附件 2：团体辅导效果反馈调查表

年级：________________专业：________________团体辅导主题：________________

各位学员：

我们的团队训练活动就要结束了，谢谢大家的参与和投入。虽然活动即将结束，但我们希望它不是个终点，而是另一个新的开始！不知道大家的收获如何。为了能够评估这个团队的效果，帮助我们了解它对你的帮助，在此需要你的反馈信息，以作为下一次团队训练活动的参考。答案没有正确错误之分，希望你能将最真实的感受表达出来，也让我们知道，谢谢！请用圈选的方式回答。（A 为非常符合，B 为符合，C 为不知道，D 为不符合，E 为非常不符合）

（1）参加团队后，我更了解自己。　　A　B　C　D　E

（2）参加团队以后，我对与人交流充满信心。　　A　B　C　D　E

(3) 我了解了自己的各项特征，并希望有所发展。	A	B	C	D	E
(4) 我知道自己所重视的价值观对我生活的影响。	A	B	C	D	E
(5) 我了解自己的交流能力并自我肯定。	A	B	C	D	E
(6) 我知道成长环境及人际关系对自己的影响。	A	B	C	D	E
(7) 我了解自己内心所真正期待的交友需求。	A	B	C	D	E
(8) 我与各类不同人群进行较好的沟通。	A	B	C	D	E
(9) 在团队训练过程中，我感觉到自在、安全。	A	B	C	D	E
(10) 我喜欢指导者的训练方式。	A	B	C	D	E